Holly Wilkinson

Genug gefastet

Holly Wilkinson

GENUG GEFASTET

Wie du toxische Diäten hinter dir lässt und dein Weg in ein genussvolles Leben gelingt

GOLDEGG

Rechte Autorenfoto: Martha Gattringer Photography
Rechte Grafiken im Kern: iStock (Stock-Illustration-ID:1159046642, Tetiana Lazunova)
Umschlaggestaltung: Minitta Kandlbauer

Der Verlag und seine Autoren sind für Reaktionen, Hinweise oder Meinungen dankbar. Bitte wenden Sie sich diesbezüglich an verlag@goldegg-verlag.com.

Der Goldegg Verlag achtet bei seinen Büchern und Magazinen auf nachhaltiges Produzieren. Goldegg Bücher sind umweltfreundlich produziert und orientieren sich in Materialien, Herstellungsorten, Arbeitsbedingungen und Produktionsformen an den Bedürfnissen von Gesellschaft und Umwelt.

ISBN: 978-3-99060-411-3

Unter den Linden 21 • D-10117 Berlin
Telefon: +49 800 505 43 76-0

Goldegg Verlag GmbH, Österreich
Mommsengasse 4/2 • A-1040 Wien
Telefon: +43 1 505 43 76-0

E-Mail: office@goldegg-verlag.com
www.goldegg-verlag.com

Layout, Satz und Herstellung: Goldegg Verlag GmbH, Wien
Printed in the EU

MIX
Papier aus verantwortungsvollen Quellen
FSC® C014138
FSC
www.fsc.org

INHALTSVERZEICHNIS

Teil 2
Herausforderungen und was wirklich hilft

Teil 3
Zeit für die Umsetzung

Vorwort

Da du dieses Buch, mein erstes Buch, gerade in den Händen hältst, möchte ich an dieser Stelle zuerst danksagen: Danke für dein Vertrauen und danke für deinen Mut und deine Hoffnung. Wenn dich dieses Buch angesprochen hat, gehe ich davon aus, dass du wirklich schon die Nase voll von diversen Diäten oder Ernährungsformen hast. Immer wieder hast du neu angesetzt, geglaubt, dass du jetzt endlich am richtigen Weg bist. Stattdessen hast du dich stets im selben Kreislauf wiedergefunden: Du probierst etwas Neues aus, gibst dafür eventuell sogar viel Geld aus, ziehst »es« dann für einige Tage oder Wochen durch, bis du an den Punkt kommst, wo du einfach nicht mehr weiterkannst. Einen Punkt, an dem du merkst, ich schaffe das einfach nicht. Anstatt das System dahinter, das Konzept, das nicht kreiert wurde, um dir nachhaltig und langfristig zu helfen, zu hinterfragen, hinterfragst du deine eigenen Fähigkeiten und deine Kompetenz und richtest den Frust auf dich selbst.

Diäten funktionieren nicht (ausgenommen therapeutische Diäten, die in der Regel professionell begleitet werden und einen klinischen bzw. medizinischen Hintergrund haben). Mache bitte keine Diäten oder Abnehmkuren mehr – lerne stattdessen, was dein Körper wirklich braucht, warum Veränderung schwer sein kann, und verstehe die Ursprünge deiner Gewohnheiten und Impulse, um die beste Version deiner selbst zu werden.

Dafür habe ich dieses Buch geschrieben. Ein Werk, das ich selbst vor zehn oder 15 Jahren wohl dringend gebraucht hätte.

Aber, Holly, es gibt doch so viele Belege, dass Fasten gut und gesund ist und therapeutisch eingesetzt wird. Was meinst du mit »genug gefastet«?

Wie du dir vielleicht denken kannst, meine ich nicht dezidiert das Fasten als Konzept. Fasten ist und bleibt eine uralte Methode, die, sinnvoll eingesetzt, eine tolle Bereicherung für Körper und Geist sein kann. Sie hat ihre Berechtigung sowohl in vielen medizinischen Situationen als auch in diversen Religionen. Diese möchte ich keinesfalls schlechtreden oder ihrer Bedeutung berauben. Ganz im Gegenteil – zumal ich selbst eine Fortbildung zur integrativen Fastenbetreuerin bei der AIF in Berlin (das ist eine Einrichtung, die sich auf die professionelle Ausbildung im Bereich des Fastens spezialisiert hat) gemacht habe, also auch das rituelle, religiöse Fasten bereits selbst erprobt und hinterfragt habe und dieses durchaus wertschätze und respektiere.

Was meine ich also nun wirklich mit »genug gefastet!«?

Ich meine damit: genug ausgehalten. Genug verzichtet. Genug Diäten durchgemacht, die dich langfristig verunsichern, dir schaden und dich runterziehen, anstatt dich mit Energie, Lebenskraft und Inspiration zu füllen. Genug gelitten, um einem falschen Ideal zu entsprechen. Genug verpasst, um es anderen recht zu machen.

Wir leben in einer Zeit, in der sich einerseits viel wandelt und verändert – auch unsere Sicht auf und Herangehensweise an viele Dinge. Wir können uns dank Social Media und dem Internet selbstständig weiterbilden und haben Zugriff auf so viele Optionen, Stimmen und Philosophien. Dennoch befinden wir uns auch in Zeiten großer Unsicherheit, Zeiten des Vergleichens, Zeiten des Mangeldenkens. Wir sind noch dabei, Glaubenssätze, die sich seit Generationen halten, aufzulösen und neu zu definieren. Das ist alles andere als einfach und angenehm – vor allem dann, wenn wir noch nicht das Selbstbewusstsein aufgebaut haben, um für uns selbst einzustehen.

Um hier nicht allzu dramatisch zu klingen, möchte ich mit großer Zuversicht sagen, dass wir am besten Weg sind – denn du hältst immerhin dieses Buch in der Hand und nicht eines, das dir erklärt, es sei erstrebenswert in drei Wochen zehn Kilo zu verlieren und deine Identität für einen schlankeren Körper aufzugeben. Wenn ich nicht die Hoffnung hätte, dass sich die Diätkultur zerschlagen ließe, hätte ich dieses Buch nicht geschrieben.

Bei meinem Buch »Genug gefastet« geht es also um eine Kampfansage an die moderne Diätkultur und um sanfte Lösungsvorschläge sowie Impulse, um den eigenen Weg in ein entspanntes Essverhalten und einen gesunden Lebensstil ohne Verzicht und Selbstaufgabe zu ermöglichen!

Einführung

IST FASTEN JETZT ALSO OUT?

Ich nehme an, du hast dieses Buch in der Hand, weil du die Nase voll vom Thema Gewichtsmanagement hast. Ich habe dich mit dem Titel sicher erfolgreich gelockt und neugierig gemacht.

Eines vorweg, falls das noch nicht klar ist: Das hier ist kein Abnehmbuch. Ich werde dir nicht die Lösung fürs absolut garantierte Abnehmen und die »Traumfigur« geben können.

Nein, ich möchte dich vielmehr aus dem toxischen Gedankenkarussell des Nicht-genug-Seins bezüglich der Themen Ernährung und Wohlbefinden befreien.

Dafür müssen wir so einiges gemeinsam aufräumen, aufarbeiten und aus der Welt schaffen bzw. loslassen.

Meine Story

Ich möchte ganz ehrlich sein: Ich komme aus einer Familie, in der Übergewicht nicht wirklich Thema ist oder war. Wir sind grundsätzlich alle normalgewichtig und meine Eltern haben mich und meine zwei Brüder sportlich und gewichtsneutral großgezogen. Wir wurden innerhalb der Familie nie mit Gewichtsdiskriminierung konfrontiert.

Die ersten Berührungspunkte mit Diäten habe ich bei meiner Mutter gehabt. Die Zwillingsschwangerschaft mit meinen Brüdern hat das Bindegewebe an ihrem Bauch sehr beeinträchtigt und die ganz natürlichen Schwangerschaftskilos haben ihren Körper auf eine Art und Weise verändert, die sie sehr belastet hat. Sie hat zwar nicht ständig darüber geredet und keinesfalls irgendwas auf mich projiziert – aber es lagen immer Ernährungsguides und Diätbücher herum. Am besten kann ich mich noch an das Buch über die Blutgruppen-Diät erinnern. Und daran, wie ich darin blätterte und mich fragte, was wohl meine Blutgruppe ist und was wohl anders wäre, würde ich mich wie ein Neandertaler ernähren.

Meine Mutter war sehr streng mit sich und litt im Stillen wegen ihres Körpers und des Gedankens, sie sei nicht »genug« – obwohl sie die stärkste Frau der Welt war und ich alles tun würde, um sie wieder bei mir zu haben.

Sie starb, als ich 15 war, an den Folgen von Brustkrebs. Hier begann dann meine neue Reise – von mir weg und zu mir zurück.

Wie du dir vorstellen kannst, hat mich das bis heute sehr geprägt.

Die Jahre als Teenager waren schwer und ich musste sehr schnell erwachsen werden. Das erklärt wohl meine reservierte und tendenziell ernste Art – wobei das sicher einfach mein natürlicher Ausdruck ist, auch wenn ich das nicht einmal so meine.

Mein Vater hat sein Bestes gegeben und ich bewundere ihn bis heute: drei Teenager, einer davon auch noch mit Behinderung. Alleinerziehend. Selbstständig. Meine Mutter hat alles zusammengehalten, und nun war dieses brutal starke Fundament fort.

Ich habe irgendwie das Gymnasium geschafft, denn mit 16 oder

17 Jahren war es sehr schwer für mich, dranzubleiben. Ich bin mehrmals fast durchgefallen, weil meine Noten kaum ausreichten. Der Sport (damals Feldhockey) war die perfekte Ablenkung. Die Partys, der Alkohol und das damit einhergehende Junk Food auch.

Meine ersten Diäten machte ich mit 16 Jahren, als sich das Partyleben bemerkbar machte. Gut ging es mir natürlich nicht – aber ich war damals schon die Königin im Starksein bzw. -tun, so, als ob eh alles okay wäre. Denn ich wollte ja niemandem zur Last fallen und keinen runterziehen.

Mit Low Carb, also dem Weglassen von Beilagen und einem maßvolleren Umgang mit Süßigkeiten, hat es in dem zarten Alter natürlich schnell geklappt – die fünf Kilo waren ruckzuck weg. Aber die Waage, die wurde nun zum Zwang. Und Kohlenhydrate wurden böse.

Ein bis zwei Jahre später war ich sehr schlank, bekam viele Komplimente für meinen Körper und habe mich dadurch natürlich sehr geschmeichelt gefühlt. Das klingt so harmlos, aber wie du vielleicht schon weißt, ist das der Anfang von einem toxischen Selbstbild – einem Selbstbild, das dir sagt, du seist nur dann gut genug und wertvoll und schön, wenn du so schlank bist. Mit 18 oder 19 Jahren hatte ich das natürlich noch nicht am Schirm.

Die nächste Achterbahnfahrt gab es in den USA – dort war ich für ein halbes Jahr, um für mich eine Entscheidung zu treffen, was und ob ich studieren möchte. Dort arbeitete ich bei Verwandten und ihren zwei kleinen Kindern als Au-pair.

Meine amerikanische Familie steckt tief in der Fitness- und Bodybuilding-Szene. Das war einerseits sehr inspirierend, denn so kam ich überhaupt erst in Kontakt zum Kraftsport. Dafür bin ich auch dankbar. Aber die Kehrseite der Medaille war, dass sich alles im Haushalt um Kalorien, Fettgehalt, Kohlenhydrate und Zucker in Lebensmitteln drehte. Es gab für jede Gelegenheit das passende Proteinpulver, die richtigen Booster und Supplemente. Überall lagen die Zeitschriften »Oxygen Mag« herum, in denen es auch nur um das eine ging: das optimale Training und die Ernährung für das optimale Aussehen mit dem optimalen Körperfettanteil. Ich kann mich gut erinnern, wie ich stundenlang dasaß und Seiten über Seiten, Rezepte über Rezepte abfotografierte. In dieser Zeit begann ich auch mit dem Kalorienzählen – das war bis dahin (immerhin 19 Jahre lang) kein Thema gewesen. Und nun wurde es zum Tagesinhalt.

Erschwerend kam dann noch hinzu, dass mein Körper hormonell ausrastete. Ich entschied mich dazu, nach knapp fünf Jahren die Pille abzusetzen, da ich mir dachte, es wäre sinnlos, sie weiter zu nehmen, wenn mein Freund in Deutschland sitzt und ich in den USA. Gönnen wir dem Körper doch einfach eine Pause. Einfach war aber wohl nur der Gedanke.

Jedenfalls bekam ich Zysten an den Eierstöcken, meine Periode blieb aus, meine Kopfhaare fielen stark aus und die pubertäre Akne kam zurück. Nice. Das goss natürlich noch mehr Öl ins Feuer.

Nach sechs Monaten im Ausland kam ich verwirrt, unsicher und frustriert wieder nach Hause. Ich hatte zugenommen und fühlte mich so unwohl wie noch nie in meiner Haut. Hinzu kamen ein recht brutaler Auszug von daheim und die Frage, wohin mit mir. Auf eigene Faust organisierte ich alles, so gut es mir möglich war, ging viel in der Gastro arbeiten und zog schließlich nach Wien.

Dort angekommen war natürlich alles neu. Ja, ein Neustart eben. Ein paar Menschen kannte ich und fand auch schnell neue Freunde und Freundinnen. Das Studium war nicht ohne und ich ging nebenher arbeiten, denn die Halbwaisenrente und das Bafög waren nicht wirklich ausreichend.

Ich startete das Studium der Ernährungswissenschaften auf der Hauptuni. Tatsächlich nicht, weil ich mit meinem Körper kämpfte, sondern weil mich die Themen Ernährung und Gesundheit bereits seit dem Tod meiner Mutter nicht mehr losgelassen hatten. Hier ist wichtig anzumerken, dass es mir einfach um das Wissen und die Fakten ging – ich wollte über Vorsorge lernen und die Hintergründe verstehen. Daher also nicht der Weg zur Medizin oder Diätologie, denn in erster Linie ging es mir nicht um das Behandeln bereits kranker Menschen.

Im Alter zwischen 20 und 24 Jahren ging es für mich privat eigentlich nur um ein Thema: mich irgendwie in meinem Körper wohl- und schön zu fühlen. Mich »genug« zu fühlen. Und wie so viele Frauen probierte ich diverse Diäten und Ernährungskonzepte aus. Mit jeder Umstellung tat ich mir eigentlich nur noch mehr weh. Mein Wissen und mein Verständnis über Ernährung und den Körper wuchs zwar – gleichzeitig entfernte ich mich aber immer weiter von mir selbst. Kein Tag verging, an dem ich nicht darüber nachdachte, was ich als Nächstes essen »darf«, wo ich etwas einsparen und wie ich möglichst viele Kalorien verbrennen könnte. Bei Partys am Wochenende eskalierte es dann erst recht mit Junk Food und Alkohol, weil endlich »Cheat Day« war. Was für eine Augenauswischerei! Sport machte ich nur, um weniger zu werden. Früher hatte ich joggen geliebt, jetzt war es einfach nur Mittel zum Zweck. Mein Tiefpunkt war wohl, als ich neben dem Kalorienzählen mir ein paar Mal den Finger in den Hals steckte, um das »Zuviel« an Kalorien loszuwerden. Ich glaube, das wusste fast niemand in meinem Bekanntenkreis – bis jetzt.

Das alles ging weiter, bis ich wieder mit dem Kampfsport anfing und einen Freund hatte, der sich ebenso sehr mit dem Thema Ernährung auseinandersetzte. Er hatte als Jugendlicher unter einer Essstörung gelitten (wenn ich darüber nachdenke, hatten eigentlich alle meine Ex-Partner irgendeine Art von Essstörung. Männer sind auch betroffen und darüber wird noch viel zu wenig geredet). Wir machten gemeinsam viel Sport, und tatsächlich reflektierte ich immer mehr mein Verhalten und sah, dass ich nicht wie eine Athletin trainieren kann, wenn ich mich so eingeschränkt ernähre.

Nach und nach forderte ich meine Denkweisen heraus, sprach viel und offen in meinem Freundeskreis darüber und nahm mir locker sechs Jahre Zeit, um das alles aufzuarbeiten.

Als mein Studium 2014 vorbei war und ich bereits als Ernährungsberaterin zu arbeiten begonnen hatte, war die Reise noch nicht zu Ende. Ich würde sagen, erst mit Ende 20 gingen bei mir die Knöpfe auf. Als ich mich 2019 in die Selbstständigkeit wagte, ist mir erst klar geworden, wie wichtig dieser ganze Prozess und diese innere Transformation gewesen waren. Ohne den ganzen Schmerz wäre ich nicht da, wo ich nun bin. Es war hart. Es war zum Teil elendig – aber ich habe so viel daraus gelernt, und es gibt kein schöneres Gefühl, als mit meinem Wissen, meiner Erfahrung und meinem ehrlich gemeinten Mitgefühl so vielen Menschen nun helfen zu können.

Was ich damit auch ganz klar sagen möchte: Es braucht Zeit, Geduld und viel Selbstliebe. Und vor der Selbstliebe braucht es Akzeptanz und das Versprechen an uns selbst, dass wir es ernst und langfristig gut mit uns meinen. Nicht einfach für ein Wohlfühlgewicht, sondern für einen Wohlfühlkörper, der uns sehr, sehr lange dienen darf – und das nicht nur im »Survival Mode«.

Mein Antrieb

Es war mir nicht immer schon so bewusst, wie problematisch Diätkultur ist. Das siehst du ja auch an meiner Vergangenheit – wäre ich damals schon drübergestanden, hätte ich mir das alles ja nicht angetan.

Wie wir wissen, kommt die Weisheit erst mit der Zeit, der Erfahrung und dem Austausch – vorausgesetzt wir sind offen für die Tatsache, dass wir eine Zeit lang mit den Annahmen über Abnehmen und Body Image falsch gelegen sind.

Mit Anfang/Mitte 20 hatte ich vieles noch nicht am Schirm und plapperte Diverses nach, was ich so über Fitness und Abnehmen gehört hatte: »Alles nur eine Frage der Kalorienbilanz«; »Intervallfasten ist immer eine gute Option fürs Abnehmen«; »Low Carb könnte helfen«; »Iss einfach weniger Süßes«; »Trainiere mehr« und so weiter.

Auch in meiner Arbeit war die wiederholte Abwaage meiner Kundschaft via Körperanalysen, bei denen der Körperfettanteil und das Gewicht regelmäßig untersucht werden, Teil des Jobs und ich habe es eine Zeit lang nicht kritisch hinterfragt. Da ich immer schon eine sehr empathische, mitfühlende, lösungsorientierte und geduldige Beraterin gewesen bin, war der primäre Inhalt meines Coachings nicht Abnehmen um jeden Preis. Ganz im Gegenteil: Mir ging und geht es bis heute um Aufklärung, Prävention und Vorsorge. Ich möchte motivieren, inspirieren und bei der Gesundheitsreise nachhaltig begleiten.

In meinen Coachings als angestellte Ernährungsberaterin gab es jedoch grundsätzlich die folgende Dynamik: Beratungspakete verkauften sich am besten, wenn das Thema Abnehmen im Vordergrund stand (und nicht nachhaltige Gesundheitsförderung), und die Kundschaft kaufte Beratungspakete primär, weil es ums Abnehmen ging.

Sprich, auch wenn Themen wie Prävention, Planung und entspanntes Essverhalten superwichtig gewesen wären, lag der Fokus immer nur auf der Zahl auf der Waage: Wie viel wurde schon in welchem Zeitraum abgenommen und warum oder warum nicht (diese Fixierung kam übrigens von der Kundschaft, nicht von mir) …?

In dem Studio, in dem ich arbeitete, betreute ich auch Acht-Wochen-Programme, die die Kunden und Kundinnen dabei unterstützen sollten, fitter zu werden und (gleichzeitig) abzunehmen – durch regelmäßige Trainings und Ernährungsworkshops. Das funktionierte prima und die Transformationen ließen sich herzeigen.

Doch egal, wie viel mehr Beweglichkeit, Kraft, Ausdauer, Selbstbewusstsein, Ernährungswissen und Spaß am Sein dank der Kurse und Workshops zustande kamen – die ultimative Freude am Erfolg war bei einigen tatsächlich getrübt, da sie sich, was die Gewichtsabnahme anging, viel zu hohe Ziele gesteckt hatten. Egal, was sie Tolles erreicht hatten, viele konnten sich nicht so richtig freuen. Das tat mir im Herzen weh – und relativ bald fing ich an, diesen ganzen Schönheits- und Schlankheitswahn mit ganz anderen Augen zu sehen.

Denn scheinbar ganz gleich, was wir erreichen – irgendwer erreicht mehr. Die Gesellschaft, das Umfeld, irgendwer findet immer wieder irgendetwas, das nicht passt. Social Media leben uns ständig etwas Utopisches vor, auch wenn wir wissen, dass es gefakt ist. Dennoch vergleichen wir uns und konzentrieren uns nicht auf das Wesentliche. Das führt dann nur zu einem ewigen, weiteren Teufelskreis der Selbstoptimierung und Selbstaufgabe, und das möchte ich auf keinen Fall in irgendeiner Weise unterstützen.

Ein kleinerer, schmalerer Körper macht nun mal nicht glücklicher. Es bringt dir nichts, die schlankste Leiche am Friedhof zu sein.

Heißt das nun, wir dürfen unseren Körper nicht freiwillig verändern?

Absolut nicht. Ich lehne lediglich die toxischen Vorstellungen von Gesundheit und Fitness ab, die unser Seelenwohl und Glück opfern und in Gefahr bringen. Dazu aber später mehr.

Nicht selten erzählen mir vor allem Kundinnen, wie oft Symptome oder Bedürfnisse nicht ernst genommen wurden, weil der BMI erhöht ist. Der BMI (»Body Mass Index«) beschreibt das Verhältnis von Körpergewicht zu Körpergröße. Das ist eine veraltete Interpretationsart, um zu bestimmen, ob eine Person normalgewichtig ist oder nicht. Es ist aber auf gar keinen Fall ein zuverlässiges Maß für Gesundheit oder sogar Idealgewicht, da es Faktoren wie etwa die Muskelmasse nicht berücksichtigt.

Ständig ernten wir für unser Äußeres Kritik oder Lob (beides ist problematisch), ständig wird nur über das Essen geredet oder über die Figur. Haben wir wirklich nichts anderes, worüber wir reden können?

Es ist nicht einfach. Über Generationen wird dieses Thema weitergegeben. Die Oma machte schon Kommentare zum Aussehen oder zu dem, was wir gerne am Teller haben möchten und was nicht. Die Mutter oder der Vater haben vielleicht schon herablassende, aber gut gemeinte Aussagen verteilt, die stetig dein Selbstwertgefühl weggefressen haben. Das Diätdenken ist fest in uns verankert – auch ich erwische mich hin und wieder bei dem ein oder anderen Gedanken.

Wir lassen uns das aber nicht gefallen! Wir sind keine Opfer! Wir bieten dem Ganzen die Stirn und sorgen nachhaltig für ein Umdenken. Für unser seelisches und körperliches Wohlbefinden.

Ich möchte, aufgrund der vielen Fehlinformationen rund um Gesundheit und Wohlbefinden und wegen all der furchtbar diskriminierenden Erfahrungen meiner Kunden und Kundinnen gegen sie und ihre Körper, der Diätkultur den Kampf ansagen!

Anti-Diät bedeutet nicht Anti-Gesundheit. Hier geht es nicht darum, dass es komplett egal ist, wie ich den Körper versorge und ob ich Sport mache. Gesunde, ausgewogene Ernährung und viel Bewegung gehören zu den menschlichen Grundbedürfnissen, um lange gesund und vital zu bleiben. Anti-Diät bezieht sich auf das Ablehnen dogmatischer Diätregeln, die auf die Ausbeutung des langfristigen

Wohlbefindens abzielen. Es geht hier um den Kampf gegen Fehlinformation. Es ist die Ablehnung des Gedankens, nur ein schlanker, wohldefinierter Körper sei ein gesunder und wertvoller und jeder andere gehöre ebenso gestaltet.

Anti-Diät bedeutet auch nicht, dass die Erkenntnisse der Wissenschaft abgelehnt werden. Auf keinen Fall. Es geht darum, den Menschen in seiner Ganzheit zu sehen, zu behandeln und ernst zu nehmen.

In diesem Buch möchte ich meine kommunizierten Strategien vorstellen, die es möglich machen, die Gesundheit und das Wohlbefinden zu ehren.

Schluss mit dem Krieg gegen den eigenen Körper. Schluss damit, es anderen recht machen zu wollen und dabei das eigene Wohl und Lebensglück zu sabotieren.

Es braucht viel Mut, gegen den Strom zu schwimmen – aber hättest du ihn nicht, würdest du dieses Buch nicht in den Händen halten!

Mein Ziel

Ich möchte dir zeigen, wie es möglich ist, eine gesunde und nachhaltige Balance für dein körperliches und seelisches Wohl zu erlangen. Dabei möchte ich dir beibringen, welche Gewohnheiten und Strategien dir Freiheit statt Zwang geben. Ich möchte dir mit diesem Buch erklären, warum wir tun, was wir tun, und warum Veränderung so schwer sein kann. Um neue Gewohnheiten zu festigen, müssen wir sehr oft erst lernen, gewisse Glaubenssätze abzuschütteln und bisherige Denkmuster loszulassen. Das ist gar nicht so einfach, aber notwendig, wenn es anders werden soll!

Mein Ziel ist es, Menschen zu einem ausgewogenen und gesunden Lebensstil zu inspirieren und zu motivieren. Hier ist es ganz wesentlich, zu verstehen, dass nichts über Nacht geht. Es braucht Geduld und Zeit sowie auch den Mut, mal zu scheitern und nicht alles so zu schaffen, wie wir es uns eingebildet oder vorgenommen haben. Denn wie kann es sein, dass wir monate- oder gar jahrelang nicht ausreichend auf uns achten, um dann zu erwarten, dass sich alles innerhalb von vier Wochen richten wird?

Teil 1

UNSERE TOXISCHE DIÄTKULTUR

In diesem Teil möchte ich einiges an fundierter Kritik loswerden. Ich werde populäre Maschen, Diäten und Ernährungsformen infrage stellen und dabei trotzdem versuchen, möglichst pragmatisch zu bleiben. Manche Dinge müssen einfach endlich ausgesprochen und angesprochen werden. Meine Ungeduld und mein (Miss-)Mut machen es mir hier jetzt einfach möglich, meine Gedanken niederzuschreiben.

Insgeheim wissen wir doch alle, dass diverse Diäten (maskiert als »Ernährungsformen«), Apps oder sogar von prominenten Persönlichkeiten vorgelebte Ernährungsroutinen nicht das Gelbe vom Ei sind bzw. nicht das sind, was sie zu sein vorgeben. Wenn der Hut jedoch brennt und wir das Gefühl haben, es geht nichts mehr voran, das Wohlbefinden im Keller ist und die Kraft nicht mehr ausreicht, weil wir gefühlt alles schon probiert und gemacht haben, neigen wir alle dazu, in der Verzweiflung gut vermarktete Empfehlungen auszuprobieren. Ich möchte in diesem Teil die gängigsten Fallen vorstellen, mit denen sowohl meine Kundschaft und Community wie auch ich selbst schon zu kämpfen hatten – und bitter enttäuscht wurden. Ich möchte dir den Ärger ersparen, damit du dir nicht mehr den Kopf zerbrechen musst.

Die oberflächlichen Schönheitsnormen unserer Gesellschaft

Wir alle verlangen nach Beziehungen und Austausch auf Augenhöhe. Wir alle wollen respektvoll behandelt werden. Wir alle wollen in Frieden gelassen und nicht verurteilt werden. Dennoch beobachten wir Folgendes:

Wir können es nicht lassen, uns ständig und überall für die eigene Ernährung und das eigene Aussehen zu rechtfertigen. Wir kommentieren trotzdem ungefragt die Entscheidungen anderer, wenn es um die Ernährung und Gesundheit geht. Wir fühlen uns angegriffen, wenn sich jemand gesünder ernährt oder sportlicher zeigt als wir selbst. Wir beglückwünschen andere zu einer sichtbaren Gewichtsabnahme, ohne die Hintergründe zu kennen. Wir hinterfragen bedenkliche Werbeslogans nicht und kaufen Produkte, die schnelle Ergebnisse für das Körpergewicht oder Aussehen versprechen. Wir nehmen andere nicht in Schutz (z. B. bei Familientreffen), wenn diskriminierende Aussagen über Essenskonsum und Aussehen fallen.

Wir können nur das praktizieren und kommunizieren, was wir selbst (er)leben. Zugegeben, es ist alles andere als einfach, sich den fest verankerten Glaubenssätzen und Normen zu widersetzen. Wir laufen damit ja Gefahr, anderen nicht mehr so gut zu gefallen. Wir riskieren Streit und Diskussionen, die anstrengend werden könnten. Wir könnten die eine oder andere Freundschaft damit opfern. Ist es aber nicht viel schlimmer, über Jahre hinweg die eigene Lebensqualität zu beschneiden, indem wir ausschließlich den Erwartungen anderer entsprechen möchten? Ist es nicht viel schlimmer, mit angezogener Handbremse zu fahren, als darauf zu pfeifen, was alle anderen denken, und dafür mit uns selbst im Reinen zu sein?

Je früher wir bereit sind, uns zu wehren, desto besser. Denn, sind wir doch ganz ehrlich: Wir können es ohnehin nicht allen recht machen. Die Schönheitsbilder ändern sich ständig, also warum das eigene wunderbare Sein immer wieder infrage stellen? Wenn wir uns die

Gesellschaft als Spiegel ansehen, können wir ja nie zufrieden sein.

Gesundheit und Wohlbefinden lassen sich nicht an der Kleidergröße oder einer Zahl definieren. Das heißt nicht, dass du nicht abnehmen »darfst«. Dein Körper, dein Leben, deine Entscheidung! Dabei musst du dir aber trotzdem immer die Fragen stellen: Wie will ich mich langfristig fühlen? Um welchen Preis möchte ich etwas erreichen? Wie möchte ich in zehn, 20 oder 30 Jahren sein?

Im letzten Teil des Buchs findest du Impulsfragen, um deine Denkweise und deine Lebensträume zu reflektieren. Ich bin mir sicher, dass dir das helfen wird, das Wesentliche nicht aus den Augen zu verlieren!

Die Schattenseite von Ernährungsberatung und Coaching

Menschen dabei zu helfen, ihr Wohlbefinden zu optimieren und ihr Leben zu verbessern, gehört zu den schönsten Seiten meines Jobs. Zum Glück gibt es auch jede Menge Fachkräfte, die sich dieser Mission ebenso annehmen und Gutes bewirken möchten.

Gesundheit ist ein hochkomplexes, vielschichtiges Thema. Mit einem einfachen Ernährungsplan oder mit Lebensmittellisten ist es sicher nicht erledigt.

Leider werden das Thema Ernährungsumstellung und seine begleitenden individuellen Ziele wie Gewichtsmanagement oft zu stark vereinfacht. Hinzu kommt, dass selbst unter den Ländern im DACH-Bereich keine einheitlichen Regelungen für das Berufsbild der »Ernährungsberatung« vorliegen.

In Deutschland reicht ein Wochenendkurs, um sich Ernährungscoach bzw. Ernährungscoachin nennen zu dürfen. In der Schweiz und Österreich sieht es da schon besser aus – Ernährungsberater bzw. Ernährungsberaterin darf sich die Person nennen, die Diätologie oder Ernährungswissenschaften mit Abschluss studiert hat. Als Fitness- oder

Personal Trainer bzw. Trainerin ist man nicht befugt, eine Ernährungsberatung anzubieten und dafür Geld zu verlangen.

Mir ist an dieser Stelle klar, dass eine ganz klare Abgrenzung oft nicht möglich ist. Ich finde es sehr wohl wichtig, dass andere Gesundheitsfachkräfte über gewisse Basics verfügen, um ihr Klientel sorgfältig betreuen zu können. Natürlich dürfen sie über Lebensmittel und Nährstoffe aufklären. Hier müssten sie aber im Einzelfall schauen, wo ihre Kompetenzen anfangen und aufhören.

In jedem Gebiet gibt es großartige Profis und schwarze Schafe. Als Laie oder Konsumentin ist es grundsätzlich sehr schwer, zu unterscheiden, was stimmt und was nicht. Vor allem, wenn wir unser Wissen nur aus dem Netz beziehen. Folgende Attribute sind leider keine Garantie dafür, dass die Person, die dir gerade etwas empfiehlt, auch recht hat bzw. die richtige Informationsqualität bieten kann: Die Reichweite auf Social Media sagt nichts über die Qualität der Seite aus, auch ein akademischer Titel oder die Kooperation mit namhaften Marken sind keinerlei Gütesiegel. Schon gar nicht sollten häufige Auftritte in öffentlichen Medien, die (erfundenen?) Empfehlungen anderer oder optisch bzw. technisch gepushte, anscheinend hochwertige Inhalte deine Entscheidung beeinflussen.

Die Gesundheitsbranche boomt, dazu zähle ich auch die Fitness- und Wellnessindustrie bis zu einem gewissen Grad. Ich finde es wunderschön, dass sich so viele Menschen berufen fühlen, anderen zu helfen. Es ist auch dringend notwendig, der Bedarf ist sehr groß und scheint immer größer zu werden.

Das Leid der Konsumenten und Konsumentinnen wird bedauerlicherweise aber häufig als Werkzeug genutzt, um viel Geld zu verdienen. Denn wenn es uns schlecht geht, sind wir bereit, viel zu tun, um unsere Situation zu verbessern. Daher haben Menschen, die in diesem Bereich und in dieser Branche tätig sind, eine große Verantwortung.

Don't get me wrong – wir wollen alle ein gutes, sicheres Leben genießen und unsere Rechnungen zahlen. Es ist auch nichts daran verwerflich, mehr Geld verdienen zu wollen. Wenn wir uns jedoch dafür entscheiden, unser Geld mit den Hilferufen anderer Menschen zu machen, ist Vorsicht geboten. Die mentale und physische Gesundheit ist komplex – kleine Fehltritte und Empfehlungen, die zwar gut gemeint sind, aber bei der letztendlichen Kundschaft alles Mögliche auslösen können, sind zu bedenken.

Hiermit möchte ich folgende (Warn-)Hinweise aussprechen:

Der Erfolg einer Ernährungsberatung bzw. eines Ernährungsplans hängt nicht davon ab, wie schnell wir damit abnehmen, sondern wie gut und lange wir etwas davon haben und wie viel wir dabei lernen – weit über die Gewichtsreduktion hinaus.

Eine Ernährungsberatung bzw. ein Coaching sollte dich von deinen Fragen und Unsicherheiten befreien – nicht weitere hinzufügen.

Wenn eine angebotene Ernährungsberatung damit steht und fällt, dass du Kalorien zählst und dich täglich wiegen sollst, wirst du höchstwahrscheinlich nicht glücklich damit, sondern entwickelst im schlimmsten Fall ein gestörtes Verhältnis zu Lebensmitteln und deinem Körperbild.

Ernährungsberatende sind nicht besonders gut, nur weil ihre Kundschaft sehr schnell abnimmt. Traue Vorher-nachher-Bildern bitte nicht blind. Keiner weiß, was die Wahrheit dahinter ist.

Wenn dich eine »Fachkraft« fürs (schnelle) Abnehmen lobt und dich eher tadelt, wenn du zunimmst, lauf bitte weg.

Wenn dir ein Coach oder eine Fachkraft im Zuge der »Ernährungsumstellung« Stoffwechseltabletten und teure Shakes verordnet, lauf noch schneller weg und zeige dazu noch den Mittelfinger.

Gesundheit definiert sich nicht über dein Körpergewicht. Leider wird nicht darüber geredet, dass Lebensstil-Interventionen und Gesundheitsförderung langfristige Prozesse sind, die nicht in vier Wochen zu schaffen sind. Der Weg zu einem gesunden, entspannten und vor allem selbstbewussten Essverhalten und Lebensstil braucht viel mehr Zeit, als einem häufig versprochen wird. Die meisten Lebensstil-Interventionen und -Optimierungen scheitern an der fehlenden Geduld und am selbst auferlegten Perfektionismus.

Liebe Kollegschaft und die, die gern Teil davon werden wollen:

Ja, der Job als Ernährungsfachkraft ist sehr spannend und abwechslungsreich. Es ist toll, Menschen aufzuklären und dabei zusehen zu dürfen, wie sich ihre Lebensqualität verbessert. Bedenkt bitte jedoch, dass jede Person eure volle Aufmerksamkeit benötigt. Klar helfen vorgefertigte Tabellen und allgemeine Infos, die Beratungen zu strukturieren. Das macht alles viel Sinn. Aber bitte seid euch im Klaren darüber, dass diese 08/15-Pläne und Empfehlungen eurem Klientel nicht immer weiterhelfen. Investiert mehr Zeit in die Vorbereitung der Einheiten und in die individuelle Betreuung. Ich persönlich möchte, dass von mir beratene Personen früher oder später ohne mich positiv leben können und selbstbewusst lernen, fundierte Entscheidungen für ihre Gesundheit zu treffen. Wenn es euch zu anstrengend ist, Ernährungstagebücher ordentlich anzusehen und auszuwerten und eure Klienten und Klientinnen über das Körpergewicht hinaus zu betrachten, dann ist das nicht eure Berufung. Oberflächliche, halbherzige Betreuungen schaden mehr, als sie helfen.

Kompetente, erfolgreiche Fachkräfte erfüllen für mich folgende Eigenschaften: Sie verfügen über eine umfassende Ausbildung (Studium inklusive verschiedener, breit gefächerter Berufspraktika, wenn möglich) und Berufserfahrung. Sie stehen im regelmäßigen Austausch mit Personen aus der gleichen Branche, Mentoren oder Mentorinnen und sind ständig um ihre Weiterbildung bemüht. Sie verfügen über Empathie, arbeiten lösungsorientiert (am besten inklusive eines »Out of the box«-Denkens) und in Zusammenarbeit mit anderen Fachkräften aus der Medizin und den Sportwissenschaften und sie sind offen für neue Zugänge und Weiterentwicklung, denn nobody is perfect!

Ich wünsche mir mehr Zusammenarbeit und weniger negative Konkurrenz. Die Gesellschaft braucht das. Am Ende des Tages ist es ja auch immerhin unsere Vision, den Menschen, die wir erreichen, zu helfen und ihre Probleme nachhaltig zu lösen.

Das ist eine Aufgabe, die nicht alleine zu bestreiten ist.

Intervallfasten: zwischen Trend und Mangeldenken

Intervallfasten, IF oder intermittierendes Fasten erfreut sich nach wie vor großer Beliebtheit.

Fasten ist grundsätzlich etwas ganz Natürliches, wir machen es auch so gut wie jeden Tag – wenn wir schlafen. In der Menschheitsgeschichte und leider auch noch in zahlreichen Ländern heute wird und wurde gezwungenermaßen gefastet, wenn Nahrung allgemein knapp war. Darüber hinaus wird bis heute regelmäßig aus religiösen Gründen gefastet. Fasten wird auch in unterschiedlichen Formen therapeutisch eingesetzt – hier ist die Begleitung durch eine ausgebildete Fachkraft von Vorteil und oftmals dringend ratsam oder sogar eine Voraussetzung.

Intervallfasten, um abzunehmen, ist hingegen eine eher moderne Erscheinung. Was früher als »Dinner Cancelling« bekannt war, nennt sich nun etwa beispielsweise 16:8.

Weshalb ist unreflektiertes Intervallfasten denn nun problematisch? Was kann es für negative Auswirkungen haben? Wer sollte das nicht machen und warum ist es meiner Meinung nach kein sinnvolles Tool für eine nachhaltige Gewichtsabnahme?

Was ist intermittierendes Fasten?

Anders als bei Fastenkuren werden beim intermittierenden Fasten nur kurze Fastenzeitfenster eingehalten. Diese wechseln sich jedoch regelmäßig mit Essperioden ab. Wir unterscheiden zwischen verschiedenen Intervallfasten-Formen. Eine der bekanntesten Methoden ist 16:8, da sie am alltagstauglichsten zu sein scheint. An 16 Stunden pro Tag (Schlaf mit eingerechnet) wird keine Nahrung zu sich genommen, in einem Zeitfenster von acht Stunden darf dann gegessen werden. Ob wir das Frühstück oder das Abendessen auslassen möchten, bleibt uns selbst überlassen. Eine Unterform davon wäre das Dinner Cancelling.

Die Uhrzeit spielt hier eine untergeordnete Rolle, wie der Name aber bereits verrät, sollte jeden Tag das Abendessen ausgelassen werden. Weiters gibt es noch das 5:2, hier wird an zwei ganzen Tagen in der Woche gefastet und die restliche Woche über darf wie gewohnt gegessen werden. Das »10 in 2«-Prinzip (auch als »Alternate Day Fasting« bezeichnet) wird ebenfalls oft angewendet. Jeden zweiten Tag wird all das, was Kalorien enthält, gestrichen.

Intervallfasten soll die Zellreinigung ankurbeln und einen richtigen Anti-Aging-Hack darstellen. Darüber hinaus gibt es (unbelegte) Health Claims rund um die Reversion von diversen Krankheiten und sogar Krebs. Die Glukose-Toleranz soll verbessert werden, ebenso diverse andere gesundheitliche Marker.

Besonders beliebt ist Intervallfasten fürs Abnehmen geworden – denn wenn wir ganze Mahlzeiten aus dem Speiseplan streichen, ohne sie durch andere Kalorien zu ersetzen, ist die Chance hoch, dass so ein Kaloriendefizit erzeugt wird. Inwiefern das dann immer gesund und ohne Nebenwirkungen passiert, ist eine andere Sache. Genau hier sehe ich ein langfristiges Problem, wenn solche Interventionen ohne gute Ernährungsbildung oder -begleitung gemacht werden.

Die verborgenen Risiken des Intervallfastens

1. *Keine Garantie einer ausgewogenen Ernährung und ein damit einhergehender möglicher Nährstoffmangel*
   Ein Kritikpunkt ist, dass beim intermittierenden Fasten nicht auf die Mahlzeitengestaltung selbst eingegangen wird. Was du in dieser Zeit isst, ist theoretisch also völlig egal. Einfach Mahlzeiten auszulassen und zu hoffen, dass das die persönlichen Baustellen verbessert, ist meiner Meinung nach etwas zu kurz gedacht. Als Expertin bin ich der Auffassung, dass das *Was* eine mindestens genauso große Rolle spielt wie das *Wann*.

   Wenn ganze Mahlzeiten unreflektiert weggelassen werden, steigt das Risiko für Engpässe bei essenziellen Nährstoffen. Ein Mangel an Eiweiß, Mineralstoffen und Co. kann Heißhungerattacken fördern, die Verdauung stressen und sonstige Probleme wie Haarausfall fördern.

Abgesehen davon: Wenn es uns an Energie mangelt, werden wir im Alltag nicht viel Leistung erbringen können – was ebenso zu ungünstigen Schritten wie einer vermehrten Aufnahme von Koffein oder Zucker untertags führen kann.

2. *Eventuelle Nachteile für Personen im gebärfähigen Alter*
Immer mehr menstruierende Personen geben an, mit dem Fasten nicht zurechtzukommen und dadurch eine unregelmäßige Periode zu bekommen.

Evolutionär bedingt, lässt sich dies auch erklären. Nahrungsknappheit bedeutet für den Körper natürlich immer Stress. Wenn wir nicht genügend Nährstoffe zu uns nehmen, ist die schlüssige Konsequenz, dass nur mehr (über)lebensnotwendige Stoffwechselprozesse ablaufen. Fruchtbarkeit kann nicht gegeben sein, wenn nicht einmal das eigene Überleben gesichert ist. Ausschlaggebend ist hier bestimmt die Lebensmittelauswahl während des »Fastenbrechens«, jedoch ist jede zu restriktive Abnehmmethode eine enorme Belastung für den Körper, die sich eben in Zyklusunregelmäßigkeiten zeigen kann.

Der Zyklus sowie der gesamte Stoffwechsel sind sehr kompliziert. Was wir heute tun, kann theoretisch unsere nächste Menstruationsphase beeinflussen. Die Hormone spielen zusammen wie in einer Sportmannschaft. Wenn eine oder einer im Team falsch positioniert, verletzt oder zu langsam ist, dann wird es schwierig, das Spiel noch zu gewinnen. Wenn du also merkst, dass du aufgrund des Intervallfastens total erschöpft und gestresst bist, mit Heißhunger zu kämpfen hast oder deine Periode plötzlich unregelmäßig wird, ist diese Ernährungsform vermutlich nichts für dich.

Wenn dich das Thema Autophagie und Fasten dennoch sehr interessiert, dann könnte diese Erkenntnis spannend für dich sein: Es gibt Hinweise darauf, dass Fasten vor der Ovulation besser möglich ist. Hier sind die Hormone relativ stabil und der Hunger ist meist auch etwas geringer durch den leicht geringeren Kalorienverbrauch in der Follikelphase. Dafür solltest du deinen Zyklus aber gut kennen. Grundsätzlich ist eine Entgleisung des Blutzuckerspiegels (zu tief oder zu hoch) nie gut für unsere Hormongesundheit. Die Autophagie ist ein natürlicher Prozess im Körper, bei dem die Zellen ihre eigenen Bestandteile abbauen und recyceln. Es ist wie eine Art Reinigungssystem, das defekte Zellbestandteile und andere unbrauchbare Materialien entfernt, um die Zelle gesund zu halten. Das kann helfen, den Stoffwechsel zu regulieren und Alterungsprozesse zu verlangsamen, und findet eben bei einer Nahrungskarenz verstärkt statt.

Es ist schade, dass in sehr vielen Studien der Unterschied zwischen Männern und Frauen nicht berücksichtigt wird und in vielen Gesundheitsempfehlungen kein Disclaimer angeführt wird.

Hier eine kurze Auflistung, wann du Intervallfasten eher bleiben lassen solltest:

* bei Zyklusstörungen
* während der Periode
* bei bereits vorhandener Essstörung
* bei niedrigem Körpergewicht
* bei einer Schilddrüsenunterfunktion
* bei einer Nebennierenschwäche (längeres Fasten fördert chronischen Stress)
* bei Kinderwunsch
* in der Schwangerschaft und Stillzeit
* bei schweren physischen und psychischen Belastungen im Alltag
* wenn du noch im Wachstum bist

3. *Kein Vertrauen in das eigene Hunger- und Sättigungsgefühl*

Unser Energiebedarf ist nicht jeden Tag gleich. Dies zeigt sich auch an unseren mal stärkeren oder geringeren Hungersymptomen. Du bist im Büro und hast bereits extremen Hunger, aber entweder solltest du den ganzen Tag nichts essen oder dein Esszeitfenster beginnt erst in ein paar Stunden. Wenn du nun deinen Hunger übergehst, ist es sehr wahrscheinlich, dass darauf zu hastiges Essen und Überessen folgen. Meiner Ansicht nach ist es sehr wichtig, deine eigenen Hunger- und Sättigungssignale zu kennen und auch ernst zu nehmen.

4. *Spontaneität und Sozialleben gehen verloren*
Stell dir vor, du wirst zum Frühstück eingeladen und du musst dann neben allen anderen sitzen, die genussvoll ihren Cappuccino trinken und ihre Pancakes essen. Zu einem entspannten und gesunden Essverhalten gehört meiner Meinung nach auch die Möglichkeit zur Spontaneität. Jede und jeder sollte eine für sich angenehme Ernährungsform finden, bei der keine Ausnahmen gemacht oder Ausreden erfunden werden müssen. Deine Ernährungsform sollte dich außerdem nicht gesellschaftsunfähig machen, denn Essen in Gesellschaft macht doch wahnsinnig viel Spaß!

5. *Förderung eines essgestörten Verhaltens*
Wenn es dich bereits im Vorhinein stresst, dass du den nächsten Vormittag ohne Essen durchstehen musst, oder du beispielsweise Probleme dabei hast, mit Freundinnen und Kollegen ausgelassen essen und feiern zu gehen, dann ist dies mit Sicherheit nicht gesund. Hier geht es natürlich sehr stark darum, wie du selbst mit gewissen Situationen umgehst. Wenn du eine Person bist, die auf Biegen und Brechen alles zu 100 Prozent richtig machen muss, dann könnten dich solche strikten Regeln in ein zwanghaftes Essverhalten drängen. Aus diesem Grund nehme ich von Diäten Abstand und gehe auf individuelle Bedürfnisse ein.

Es darf einfach nicht sein, dass wir unser Essen nach der Uhr richten und Stress bekommen, wenn wir 17 Minuten vor dem »ausgemachten« Zeitpunkt bereits essen möchten. Unserem Körper müssen wir da echt mehr zutrauen.

Abgesehen davon ist unser täglicher Energiebedarf sowieso

immer unterschiedlich hoch. Warum sollte ich mich also auf die Minute genau einengen? Was ist das für eine Lebensqualität?

Auf der Suche nach dem Silberstreifen: positive Effekte?

Ja, die gibt es, denn wenn wir es genau nehmen, bezieht sich das Fasten auch auf die nächtliche Nahrungspause während des Schlafens.

Hier kann ich sehr wohl eindeutig sagen, dass unser Organismus von einem regelmäßigen Ess- und Fastenfenster profitiert. Unser Biorhythmus braucht Pausen, um ungestört regenerieren und entgiften zu können. Hier bietet sich die nächtliche Fastenphase optimal an.

Folgende simplen Grundregeln halte ich für durchaus sinnvoll: Nimm zwei bis drei Stunden vor dem Schlafengehen nichts mehr zu dir (dazu zählen natürlich auch die Snacks vor dem Fernseher und Getränke wie Softdrinks oder Alkohol). Das gibt dem Körper Zeit und Ruhe – du schläfst besser, und dein Ruhepuls kann effizienter sinken. Außerdem fühlst du dich am nächsten Tag frischer und leichter.

Gib deinem Körper nach dem Aufstehen ein wenig Zeit, um »warmzulaufen«. In der Regel tut es gut, ungefähr eine Stunde zu warten, bevor du die erste Mahlzeit zu dir nimmst. Wie gesagt: Unser Körper kennt keine Minuten. Also brauchst du hier auf keinen Fall kleinlich sein, da das nun wirklich egal ist.

Folge dem klassischen Tagesrhythmus. Das heißt, dass eine tägliche Essenspause (vom Abendessen bis zum Frühstück) von zwölf Stunden guttun kann.

Hinterfrage Zwischenmahlzeiten und ständiges Snacken, vor allem dann, wenn du keinen richtigen Hunger hast, sondern eher aus Langeweile oder Frust isst. Unachtsames Essen kann zu Verdauungsbeschwerden und einer unerwünschten Gewichtszunahme führen.

Wie der tatsächlich optimale Essensrhythmus für jedermann und jedefrau aussieht, kann ich nicht genau sagen. Jede und jeder hat einen anderen Alltag, unterschiedliche Anforderungen und Gewohnheiten. Daher ist hier eine komplett individuelle Herangehensweise die beste, anstatt sich in eine Form zu pressen, die einem schadet.

Ich persönlich habe erst nach 13 bis 14 Stunden Hunger. Manchmal ist das Zeitfenster größer, manchmal auch kürzer. So ist das eben – das Leben läuft nicht nach einem täglichen Stundenplan. Wichtig finde ich es, zu lernen, auf Hunger- und Sättigungsgefühle zu hören und ihnen zu vertrauen. Schluss damit, ganz natürliche Prozesse im Körper schlechtzureden oder zu ignorieren.

Hier sind drei Tipps, wie du deine natürlichen Hunger- und Sättigungsempfindungen ehren und besser spüren kannst:

Reduziere dein Stresslevel vor dem Essen, indem du für zwei bis drei Minuten tief durch die Nase ein- und ausatmest. Das aktiviert deinen sogenannten Parasympathikus. Das ist der Teil des Nervensystems, der für Ruhe, Regeneration und Verdauung sorgt. So beruhigst du deine Verdauungsorgane, entspannst dich und wirst wahrscheinlich viel ruhiger und langsamer essen.

Benenne deine Emotionen, wenn du ein unspezifisches Hungergefühl hast: Wir haben verlernt, unseren Gefühlen Raum zu geben. Wenn du das nächste Mal Frust, Ärger, Stress oder Traurigkeit verspürst und im Zuge dessen essen möchtest, um dich zu trösten, benenne die Gefühle, schreibe sie auf und verzeihe dir. Schenke dir und deinen Gefühlen die volle Aufmerksamkeit. Auch das Verbalisieren bzw. Teilen der Gefühle mit einer Vertrauensperson kann richtig gut helfen. Das Ergebnis: Ich lerne, nicht einfach den Impulsen zu folgen, sondern kann mit der Zeit besser erkennen, ob ich wirklich Hunger habe oder nicht.

Nimm dir beim Essen mehr Zeit und versuche, bewusst langsam zu essen. Auch wenn du mal nur fünf Minuten zur Verfügung hast: Versuche trotzdem, langsam und achtsam zu essen. Deine Verdauung wird dir danken, du wirst danach mehr Energie und Wohlbefinden verspüren. Wenn du deine Portion nicht ganz schaffst, kannst du ja später weiteressen.

Fazit

Abschließend kann nur folgendes Fazit stehen: Unsere Körper folgen zwar einem gewissen Biorhythmus, aber unsere Zellen kennen nicht die genaue Uhrzeit.

Intervallfasten funktioniert für manche Personen, weil es ihren Lebensstil unterstützt, anstatt sie einzuschränken. Manche Menschen nehmen mit Intervallfasten ab, weil sie dadurch in Summe weniger essen. Intervallfasten kann aber nicht pauschal als eine nachhaltige Lösung für Übergewicht herangezogen werden oder für gesundheitliche Herausforderungen als Referenz gelten.

Die Keto-Diät: Jo-Jo-Effekt für Körper und Geist

Die ketogene Diät, allgemein als Keto-Diät bekannt, ist eine Diät mit einem hohen Fett- und niedrigen Kohlenhydratgehalt, die aufgrund ihres Potenzials zur Förderung von Gewichtsverlust an Popularität gewonnen hat. Sie wurde in den 1920er-Jahren ursprünglich als therapeutische Diät für Personen mit Epilepsie, insbesondere Kinder, entwickelt, um Anfälle zu kontrollieren.

Ketogene Diät – Ursprünge, Risiken und Langzeitfolgen

Die ketogene Diät ist stark kohlenhydratreduziert und fettreich. Ihr primäres Ziel ist es, die sogenannte »Ketose« in Gang zu setzen – das ist eine natürliche metabolische Stoffwechsellage, die entsteht, wenn wir nicht genug Energie durch Kohlenhydrate zu uns nehmen, die primäre Quelle für Energie in unserem Körper. Wenn dein Körper nicht genug Kohlenhydrate zur Energieverbrennung bekommt, schaltet er auf die Verbrennung von Fetten um. Das Konzept ist also simpel: Verbrenne Fett, verliere Gewicht.

Okay, so weit, so klar – wusstest du aber, dass wir laut der »Standard Ketogenic Diet« nur rund fünf Prozent der Gesamtkalorien aus Kohlenhydraten beziehen »dürfen«? Das bedeutet, dass wir nur zwischen 20 und 50 Gramm Kohlenhydrate pro Tag essen dürften, um in dieser Stoffwechsellage zu bleiben. Damit du dir das besser vorstellen kannst: Das entspräche einer Tasse Haferbrei (circa 30 Gramm).

Die Hauptmotivation für die Entwicklung der ketogenen Diät bestand darin, die Stoffwechseleffekte des Fastens zu imitieren, was laut Studien dazu beiträgt, die krampfartigen Anfälle bei einigen Personen mit Epilepsie zu reduzieren. Die Diät wurde entwickelt, um die Kohlenhydrataufnahme auf ein Niveau zu begrenzen, das ausreicht, um eine Ketose auszulösen, einen Stoffwechselzustand, von dem angenommen wird, dass er antiepileptische Effekte hat.

Während die Keto-Diät zu einem kurzfristigen Gewichtsverlust führen kann, primär, weil du Wasser verlierst und durch den hohen Fettanteil kaum Hunger hast, ist es wichtig, potenzielle negative Nebenwirkungen und Langzeitfolgen zu berücksichtigen:

Die restriktive Natur der Diät kann zu *Nährstoffmangel* führen, da der Verzehr verschiedener Früchte, Gemüsesorten und Vollkornprodukte, die reich an essenziellen Vitaminen und Mineralstoffen sind, eingeschränkt ist.

Viele Menschen erleben während der ersten Phasen der Diät die sogenannte *»Keto-Grippe«* mit Symptomen wie Kopfschmerzen, Müdigkeit, Übelkeit, Schwindel und Reizbarkeit.

Der Schwerpunkt auf fettreiche Lebensmittel in der Ernährung kann zu *Verdauungsproblemen* wie Verstopfung und anderen Magen-Darm-Beschwerden führen.

Der hohe Gehalt an gesättigten Fetten in der Keto-Diät kann Bedenken hinsichtlich ihrer Auswirkungen auf mögliche langfristige *kardiovaskuläre Risiken,* insbesondere die Herz-Kreislauf-Gesundheit aufwerfen.

Eine *langfristige Einhaltung* der Keto-Diät kann aufgrund ihrer restriktiven Natur für viele Menschen herausfordernd sein und möglicherweise zu einem Zyklus von Diäten und erneuter Gewichtszunahme führen.

Die begrenzte Kohlenhydrataufnahme kann zu *unzureichender Ballaststoffzufuhr* führen, was sich auf die Verdauungsgesundheit auswirken und Verstopfung begünstigen kann. Die Diversität der Darmflora kann auf jeden Fall darunter leiden.

Die strikten diätetischen Einschränkungen können *soziale Interaktionen beeinträchtigen* und es für Einzelpersonen schwierig machen, an gemeinsamen Mahlzeiten oder Veranstaltungen teilzunehmen. Darüber hinaus kann der psychische Stress, sich an eine so restriktive Diät zu halten, die mentale Gesundheit und das Selbstwertgefühl negativ beeinflussen.

Es ist wichtig zu beachten, dass individuelle Reaktionen auf die Keto-Diät variieren können und nicht jede und jeder, die oder der das schon einmal gemacht hat, die gleichen Nebenwirkungen erleben wird oder erlebt hat. Diese potenziellen negativen Konsequenzen unterstreichen jedoch die Bedeutung eines ausgewogenen und nachhaltigen Ansatzes zur Ernährung und Gewichtsregulierung. Beziehungsweise stellt sich hier ja überhaupt die Frage, warum wir diese Ernährungsform »einfach so« überhaupt machen sollten, wenn es nachhaltigere Ansätze gibt, die langfristig mehr Sinn machen.

Die Keto-Diät und ihr Einfluss auf den weiblichen Zyklus

Frauengesundheit und Frauenheilkunde gehören zu meinen Spezialgebieten. Als Frauen befinden wir uns einen großen Teil unseres Lebens in einem monatlich zyklischen Wandel. Unsere hormonellen Schaltkreise sind äußerst raffiniert und empfindlich. Sowohl dauerhaftes Intervallfasten als auch die Keto-Diät sind für mich eine Red Flag, wenn es um die Zyklusgesundheit geht. Hier sind ein paar beschriebene und berichtete Auswirkungen, die eine so radikale Ernährungsform mit sich bringen kann:

Einige Frauen berichten über *unregelmäßige Menstruationszyklen* oder das Ausbleiben der Periode, wenn sie eine strenge ketogene Diät befolgen. Dies könnte auf verschiedene Faktoren zurückzuführen sein, einschließlich hormoneller Veränderungen aufgrund des Nährstoffprofils der Diät. Im Laufe unseres Zyklus haben wir unterschiedliche Bedürfnisse, was Nährstoffe und Energie angeht. Die ketogene Diät kann den *Hormonhaushalt beeinflussen,* insbesondere in Bezug auf Insulin, Leptin und den Östrogenspiegel. Diese Veränderungen könnten sich auf den Menstruationszyklus auswirken, da Hormone eine wesentliche Rolle bei der Regulation des weiblichen Reproduktionssystems spielen.

Eine niedrige Kalorienzufuhr oder *unzureichende Energieverfügbarkeit* durch die ketogene Diät könnte zu hormonellen Veränderungen führen, die sich auf den Menstruationszyklus auswirken. Einige Frauen können eine verringerte Fruchtbarkeit oder Zyklusunregelmäßigkeiten erleben. Wenn unser Körper in einen Überlebensmodus schaltet, weil wir zu wenige Kalorien zu uns nehmen, ist es logisch, dass ein Eisprung nicht unbedingt die oberste Priorität darstellt. Die Regel bleibt aus und notwendige Hormone können gegebenenfalls nicht in den Mengen produziert werden, wie es eigentlich notwendig wäre.

Die Umstellung auf eine ketogene Diät kann anfänglich als Stress für den Körper wahrgenommen werden. Stress kann das Hormonsystem nun zusätzlich beeinflussen und sich auf den Menstruationszyklus auswirken. Das Stresshormon Cortisol führt auf Dauer, wenn es unverhältnismäßig ausgeschüttet wird, zu Unregelmäßigkeiten im Zyklus.

Warnungen und Ausschlüsse: Wer sollte die Keto-Diät meiden?

Während die ketogene Diät für einige Personen geeignet sein kann, sollten bestimmte Gruppen von Menschen die Keto-Diät unter Umständen meiden oder sehr vorsichtig sein. Es ist wichtig, zu beachten, dass individuelle Gesundheitszustände und Reaktionen auf diätetische Veränderungen variieren können. Daher sollte immer ein Gespräch mit einer Expertin oder einem Fachmann vor Beginn einer restriktiven Diät erfolgen. Hier sind einige Gruppen von Menschen, die die Keto-Diät mit Vorsicht genießen oder sie ganz meiden sollten:

1. *Schwangere und stillende Frauen*
   Die Ernährungsbedürfnisse während der Schwangerschaft und Stillzeit sind speziell, und eine ausgewogene Ernährung, die eine Vielzahl von Nährstoffen enthält, ist für die Gesundheit sowohl der Mutter als auch des Babys entscheidend.

2. *Personen mit Bauchspeicheldrüsen-, Leber- oder Gallenblasenerkrankungen*
   Der hohe Fettgehalt der Keto-Diät kann die Bauchspeicheldrüse, Leber und Gallenblase zusätzlich belasten. Personen mit bestehenden Erkrankungen dieser Organe sollten vor jeder Ernährungsumstellung unbedingt eine gut ausgebildete und erfahrene Fachkraft aufsuchen.

3. *Menschen mit Essstörungen oder einer Vorgeschichte von gestörtem Essverhalten*
   Die strenge Natur der Keto-Diät kann gestörte Essmuster zusätzlich verschärfen. Personen mit einer Vorgeschichte von Essstörungen oder solche, die Gefahr laufen, eine solche zu entwickeln, sollten restriktive Diäten vermeiden und Unterstützung von Fachleuten in Anspruch nehmen.

4. *Personen mit Typ-1-Diabetes*
   Die drastische Reduzierung von Kohlenhydraten in der Keto-Diät kann den Insulinbedarf beeinflussen. Doch gerade der Insulinspiegel muss bei Personen mit Typ-1-Diabetes sorgfältig verwaltet werden. Eine angemessene medizinische Betreuung ist für Menschen mit Typ-1-Diabetes entscheidend.

5. *Menschen mit Nierenproblemen*
   Die Keto-Diät kann die Nieren aufgrund des höheren Protein- und Fettgehalts belasten. Personen, die bereits bestehende Nierenprobleme haben, sollten vor Beginn der Diät eine Expertin oder einen Fachmann konsultieren.

6. *Personen, die bestimmte Medikamente einnehmen*
Einige Medikamente (etwa Antidiabetika, Blutverdünner oder Medikamente gegen Bluthochdruck und Epilepsie) können mit der Keto-Diät interagieren und ihre Wirksamkeit beeinträchtigen oder zu potenziellen Nebenwirkungen führen. Menschen, die Medikamente einnehmen, sollten vor größeren diätetischen Veränderungen immer eine Fachkraft konsultieren.

7. *Sportler und Sportlerinnen, die sich einem intensiven Training unterziehen*
Während einige Athleten und Athletinnen von der Keto-Diät profitieren können, können diejenigen, die sich intensiven anaeroben Aktivitäten widmen, möglicherweise eine Beeinträchtigung ihrer Leistungsfähigkeit aufgrund der begrenzten Verfügbarkeit von Glykogen erfahren, der primären Energiequelle des Körpers während eines intensiven Trainings.

8. *Personen mit Stoffwechselerkrankungen*
Bestimmte seltene Stoffwechselerkrankungen können die Fähigkeit des Körpers beeinträchtigen, Fette ordnungsgemäß zu metabolisieren. Personen mit diesen Erkrankungen sollten Diäten, die übermäßig auf Fett als Energiequelle setzen, ohne angemessene medizinische Anleitung vermeiden.

9. *Menschen mit Hyperlipidämie*
Personen mit hohen Cholesterin- oder Triglyceridspiegeln sollten vorsichtig sein, da der hohe Fettgehalt in der Keto-Diät Bedenken hinsichtlich seiner Auswirkungen auf die Lipidprofile aufwerfen kann.

Warum die Keto-Diät oft zur Enttäuschung führt

Das liegt daran, dass diese, wie auch viele andere Diäten, die dich in eine Schablone quetschen, keinen Effekt auf dein langfristiges Ernährungsverhalten haben. Jedes Mal, wenn du eine Ernährungsform zum Abnehmen nutzt, aber keinen Langzeitplan hast oder bekommst, wirst du nach Erfolgen der Diät in alte Muster und Gewohnheiten zurückrutschen. Denn du hast die Diät gemacht und jetzt dein Zielgewicht erreicht. Jede Diät, die du dir langfristig nicht vorstellen kannst und die nicht auch eine grundlegende Verhaltensveränderung mit sich bringt, wird dazu führen, dass du das Erreichte nicht halten kannst.

Durch das Wiederzuführen von Kohlenhydraten (Halleluja) wirst du Wasser einlagern, da Kohlenhydrate dieses binden. Das ist ganz normal. Wenn du im Zuge der Diät nicht an deinen emotionalen oder selbst erlernten Faktoren arbeitest, die bei dir den Wunsch zu essen auslösen (bei der Keto-Diät lernst du nämlich nicht, wie du ausgewogene Speisen und Mahlzeiten zusammenstellst), wirst du früher oder später wieder dort landen, wo du angefangen hast. Das schlechte Gewissen, nicht durchgehalten zu haben, wird zudem dein Verhältnis zu dir und deinem Körper weiter verschlechtern.

Fazit

Die Ketose beschreibt eine veränderte Stoffwechsellage, in der statt Glukose sogenannte Ketonkörper zur Energiegewinnung herangezogen werden. Durch das Weglassen von Kohlenhydraten kann ein relativ schneller Gewichtsverlust eintreten, da unter anderem viel Wasser ausgeschieden wird.

Im ernährungsmedizinischen Bereich wird die ketogene Diät vor allem bei Epilepsie eingesetzt. Hier sind jedoch eine Überwachung und Schulung durch Ernährungsfachkräfte sowie die Einnahme von Nahrungsergänzungsmitteln unerlässlich. Bei Insulinresistenz oder Übergewicht ist eine ketogene Diät aus heutiger Sicht nicht notwendig beziehungsweise nicht zu empfehlen, da sie auch zahlreiche negative Folgen mit sich zieht. Lass dich in diesem Fall also bitte von Fachpersonal beraten, wenn du die Empfehlung bekommst, eine kohlenhydratarme Diät bzw. Ernährungsform durchzuführen.

Die ketogene Ernährung (als Ernährungstrend oder -philosophie) sorgt bei mir für einige »Red Flags«. Als ganzheitlich arbeitende Ernährungsberaterin betrachte ich den oftmals unreflektierten hohen Konsum von tierischen Produkten sehr kritisch. Tierethik und Tierliebe suche ich angesichts der täglichen großen Mengen an verzehrten Fleisch-, Fisch-, Milch- und Eiererzeugnissen häufig vergeblich. Dass dann vermehrt auf billige Massenproduktion gesetzt wird, um sich diesen Ernährungsstil auch leisten zu können, sehe ich sehr kritisch und finde es durchaus egoistisch – da ein gesunder Körper anders erreicht werden kann.

Jede Form von Verzicht und Einschränkung kann zu einem gestörten Essverhalten führen. Wenn wir Dinge weglassen, die wir eigentlich gerne essen, schränkt uns das ein – was längerfristig zu Essanfällen und schlechtem Gewissen führen kann.

Unreflektierte Keto-Experimente können zu einer zu geringen Zufuhr an Ballast- und sekundären Pflanzeninhaltsstoffen führen – kritisch für einen gesunden Darm und intakte Zellen. Und total schade, wenn wir bedenken, wie viele tolle, leckere und bunte Lebensmittel zu entdecken sind, die aufgrund ihres eigentlich vernachlässigbaren Kohlenhydratgehalts verteufelt werden.

Abschließend kann ich nur ganz klar sagen: Ich nehme keine Beratungsanfragen für die Keto-Diät an, sorry. Ich bin eher damit beschäftigt, Personen da wieder herauszuholen, die selbst draufgekommen sind, dass diese Diät ihnen mehr geschadet als geholfen hat.

Irreführende Unverträglichkeitstests: Die Wahrheit hinter den Ergebnissen

Die Wellness- und Fitnessindustrie überlegen sich raffinierte Dinge, um die potenzielle Kundschaft bei ihren »Pain Points« abzuholen. Da fällt sogar gut ausgebildetes medizinisches Personal auf das ein oder andere Produkt herein. Eines der Nummer-1-Themen bleibt leider nach wie vor das Abnehmen (wie auch Anti-Aging).

Wenn jemand schon »alles probiert« hat, um für ein besseres Wohlbefinden und Körpergefühl (ob mit oder ohne Abnehmen, das lasse ich an dieser Stelle offen) zu sorgen, kann das ganz schön frustrierend sein. Viele kommen in der Eigenrecherche bzw. dank Mundpropaganda oder einem gut gemeinten, aber unreflektiert gegebenen Rat schnell zu Lösungsansätzen wie Unverträglichkeitstests.

Vielleicht kann ich einfach nicht abnehmen, weil ich das falsche Protein esse oder bestimmte Gemüsesorten nicht die richtigen für mich sind. Klingt ja auch erst mal plausibel. Endlich wissen, was wir essen sollten und was nicht – dann geht der störende Blähbauch doch automatisch weg, oder?

Nun, von welchen Unverträglichkeitstests spreche ich denn überhaupt? Es wird so einiges am Markt angeboten: Stoffwechselanalysen, Stuhlanalysen, Bioresonanz sowie Bluttests, die seitenlange Listen mit Lebensmitteln liefern, die in eine Art Ampelsystem eingeteilt werden. Es sei schon an dieser Stelle gesagt, dass uns teilweise noch wissenschaftliche Methoden und Erkenntnisse fehlen, um etwaige Unverträglichkeiten überhaupt zu detektieren. Bereits jetzt sollte dich das kritisch stimmen.

Vorab möchte ich die Unterschiede von Allergie zu Unverträglichkeiten und Intoleranzen erläutern. Bei einer *Nahrungsmittelallergie* ist immer auch das Immunsystem beteiligt, das bedeutet, es entstehen allergische Reaktionen im Körper wie zum Beispiel Schwellungen, Atemnot oder Ausschläge. In manchen Fällen ist die Reaktion des Körpers auf ein Allergen so überschießend, dass es lebensgefährlich werden kann.

Einen Sonderfall stellt die Zöliakie dar. Diese zählt nämlich zu den Autoimmunerkrankungen. Durch das Gluten im Getreide wird die Darmschleimhaut angegriffen und die Darmzotten werden zerstört. Die Zöliakie ist eine ernst zu nehmende Erkrankung, und Gluten muss in diesem Fall zu 100 Prozent gemieden werden.

Eine klassische *Unverträglichkeit* ist in vielen Fällen auf einen Mangel an bestimmten Enzymen oder Transportern im Körper zurückzuführen. Bei der Laktoseintoleranz zum Beispiel ist das Enzym

Laktase, welches die Laktose spalten sollte, in zu geringer Konzentration vorhanden. Dadurch gelangt die Laktose in den Dickdarm, wo sie von den Darmbakterien vergoren wird. Hierbei entstehen Gase, welche zu Blähungen, Bauchkrämpfen und Durchfall führen können. So ähnlich verhält es sich mit vielen anderen Lebensmittelinhaltsstoffen. Meist ist es zu Beginn relativ schwierig, die eigentliche Ursache für die Verdauungsbeschwerden herauszufinden, da sehr viele Faktoren, wie zum Beispiel Stress, eine Auswirkung auf die Beschwerden haben. Grundsätzlich sind die Symptome nicht gesundheitsgefährdend, sie sind schlicht und einfach sehr unangenehm und bereiten im Alltag Probleme. Das soll den Leidensdruck, den manche Menschen mit Unverträglichkeiten haben, auf keinen Fall kleinreden. Es soll vielmehr zeigen, dass Nahrungsmittelunverträglichkeiten oftmals viel schwieriger zu detektieren sind und dieser Bereich sehr viele Türen für lukrative Geschäftsideen öffnet.

Besonders problematisch finden ich und Personen meiner Branche sogenannte IgG-Unverträglichkeitstests. Die werden nicht selten auch von ärztlichem Fachpersonal und Ernährungsfachkräften empfohlen – wieso sollten wir da denn misstrauisch werden?

IgG-Tests: Segen oder Täuschung?

Immunglobuline sind lebenswichtige Eiweiße im Körper und Bestandteile unseres Immunsystems. Zum einen fungieren sie als Gedächtnis und merken sich Stoffe, mit denen sie bereits in Berührung gekommen sind, zum anderen sind sie an der direkten Immunabwehr beteiligt.

Mit den IgG-Tests, bei denen das Immunglobulin G gemessen wird, sollen Nahrungsmittelunverträglichkeiten erkannt werden. Fachgesellschaften warnen jedoch vor solchen Tests. Diese geben nämlich nur an, ob ein Lebensmittel häufig verzehrt wird oder nicht, sie geben aber keine Auskunft darüber, ob es tatsächlich vertragen wird. Aussagekräftig ist demnach nur IgE, welches auf Allergien hinweist. Dennoch werden IgG-Tests nach wie vor angeboten und als Nahrungsmitteltests verkauft. Die Folge ist jedoch dramatisch, denn alle Lebensmittel, die die Getesteten bisher oft gegessen haben, sollen den Ergebnissen zufolge gemieden werden. Die Auswahl an Speisen wird damit sehr eingeschränkt und die Betroffenen tun sich schwer, sich überhaupt noch abwechslungsreich zu ernähren.

Hier sind kurz zusammengefasst drei Gründe weshalb ich meinem Klientel davon abrate:

Es gibt nur eine begrenzte wissenschaftliche Unterstützung für die Verwendung von IgG-Tests zur Diagnose von Nahrungsmittelunverträglichkeiten. Die meisten großen medizinischen Organisationen und Profigremien, wie die European Academy of Allergy and Clinical Immunology (EAACI) und die American Academy of Allergy, Asthma, and Immunology (AAAAI), empfehlen diese Tests nicht als zuverlässige Diagnosemittel.

IgG-Tests können zudem häufig zu falsch positiven Ergebnissen führen, was bedeutet, dass sie Nahrungsmittel als problematisch identifizieren können, obwohl keine echte Unverträglichkeit vorliegt. Dies kann zu unnötigen Einschränkungen in der Ernährung führen, die natürlich Konsequenzen für die mentale Gesundheit haben.

Umgekehrt können IgG-Tests auch falsch negative Ergebnisse liefern, indem sie bestimmte Nahrungsmittelunverträglichkeiten möglicherweise nicht erfassen. Dies kann zu einer falschen Sicherheit führen, dass bestimmte Nahrungsmittel gut vertragen werden, obwohl eine Unverträglichkeit vorliegt.

Fazit

Spare dir dein Geld, die 150 bis 300 Euro teuren Tests lassen sich viel besser in Beratungseinheiten bei einer Diätologin oder einem Ernährungswissenschaftler investieren. Nur durch eine individuelle Begleitung und Austestungen, die Hand und Fuß haben, kann eine optimierte Ernährung eingestellt werden, damit deine Beschwerden weniger werden. Außerdem darfst du die Faktoren Stress und Psyche nicht außer Acht lassen – unsere Verdauungsorgane reagieren unfassbar empfindlich und deutlich auf psychische Belastungen, ob akut oder chronisch. Wie immer also ist es so dringend notwendig, Herausforderungen liebevoll, geduldig und ganzheitlich anzugehen!

Die Bestimmung von Lebensmittelintoleranzen kann eine komplexe Aufgabe sein, und es gibt keine einzelne Testmethode, die als alleiniges Mittel zur Diagnose empfohlen wird.

Besser ist eine Kombination aus Selbstbeobachtung und gebräuchlichen Tests, die in Betracht gezogen werden können: Beginne damit, ein Ernährungstagebuch zu führen. Die Aufzeichnung von Essgewohnheiten und auftretenden Symptomen kann dir dabei helfen, Muster zu identifizieren, die einen Zusammenhang von verzehrten Nahrungsmitteln zu körperlichen Beschwerden nahelegen können.

Wenn du gewisse Symptomatiken ärztlich abklären möchtest, könntest du eine Eliminationsdiät starten. Unter Aufsicht eines Ernährungsberaters oder einer Ärztin können gewisse Lebensmittel für eine bestimmte Zeit von deinem Speiseplan gestrichen werden, um festzustellen, ob die Symptome abnehmen. Danach werden die Lebensmittel schrittweise wieder eingeführt, um zu beobachten, ob die Beschwerden erneut auftreten. Eine weitere Möglichkeit wäre eine »doppelt blinde, placebokontrollierte Nahrungsmittelherausforderung«. Dies ist ein formellerer Test, bei dem weder du noch deine Ärztin oder dein Arzt wissen, welches Lebensmittel getestet wird. Dieser Ansatz wird in kontrollierten Umgebungen durchgeführt, um objektive Ergebnisse zu erhalten. Auch Atemtests können verwendet werden, um Unverträglichkeiten gegenüber bestimmten Kohlenhydraten wie Laktose oder Fruktose zu diagnostizieren. Und schließlich gibt es noch Bluttests für spezifische IgE-Antikörper: Diese Tests können helfen, IgE-vermittelte Nahrungsmittelallergien zu identifizieren, sind jedoch weniger relevant für Nahrungsmittelintoleranzen.

Kalorienzählen: zwischen Kontrolle und Obsession

Ich sag's einfach, wie's ist: Ich werde mit diesem Kapitel ein paar Menschen ärgern und triggern. Aber da müssen wir jetzt gemeinsam durch. Denn wenn das bis jetzt noch nicht deutlich genug gewesen ist: Meine Kritik gegenüber gewissen Systemen und Strukturen basiert auf der Tatsache, dass Motivationen dahinter potenziell längerfristige Schäden bei Menschen auslösen können. Und das meine ich ganzheitlich – psychisch und physisch. Wir sind weit davon entfernt, dass die Durchschnittsbürger und -bürgerinnen genug fundiertes Wissen, emotionale Intelligenz und Selbstreflexion besitzen, um gewisse Maßnahmen und ihre Folgen richtig einzuschätzen.

Kalorientracker sind ein verharmlostes Werkzeug, und ich spreche an dieser Stelle genau darüber, warum es problematisch ist bzw. sein kann. Ich persönlich habe andere Wege, die achtsamer, sanfter und nachhaltiger sind. Also los geht's, worum geht es hier denn eigentlich?

Meine persönliche Odyssee durch das Kalorienzählen

In meinen späten Teenagerjahren und frühen 20ern wurde ich mit einigen Herausforderungen konfrontiert. Sie waren sowohl psychischer als auch familiärer Natur und hatten einen großen Einfluss auf mein Selbst- und Körperbild und mein Selbstbewusstsein. Die Ernährung und der Sport waren in dieser Zeit meine Anker, die ich unter voller Kontrolle hatte – im Gegensatz zum Rest meines Lebens. Ich sagte mir damals, dass ich ein liebenswerterer, attraktiverer Mensch wäre, wenn ich das eine oder andere Kilo abnehmen und schmäler (bzw. knochiger) werden würde – nicht nur, weil mein damaliger Freund nicht selten nebenbei erwähnte, wie attraktiv er nicht dieses oder jenes Supermodel finde. Danke für nichts!

Jedenfalls entdeckte ich in meinem Wahn Onlinekalorientracker, in die du alles eintragen kannst – superpraktisch, denn die Datenbanken waren voll. Ich konnte also jede Sporteinheit und jedes gegessene Nahrungsmittel bis aufs kleinste Gramm eingeben, die Bilanz ausrechnen lassen und mich am Ende des Tages von der App loben lassen, wenn ich meine 1.200 Kilokalorien nicht erreicht hatte. Wow! Ich wurde von einer Technologie und einer Körperwaage mit Zahlen fürs Hungern belohnt. Das war ja richtig einfach!

Tja, vielleicht kannst du dir denken, dass diese Geschichte nicht lange gut ging. Zwar habe ich (natürlich) abgenommen, da ich weniger als ein Kleinkind gegessen habe, aber ich fing an, Lebensmittel aufgrund ihrer Kaloriendichte zu bewerten – anstatt danach, wie gesundheitsfördernd oder nahrhaft sie waren. Long story short: Es hat fünf Jahre gedauert, um mich komplett davon zu lösen. Ich sag es gleich, sich von so einer »Sucht« zu befreien ist ähnlich schwer wie bei allen anderen zwanghaften Angewohnheiten. Ich hatte immer wieder Rückschläge, vor allem in Zeiten, in denen mir wieder die Kontrolle genommen wurde. Was ich rückblickend sagen kann, ist, dass ich viel über mich gelernt habe, aber es auf keinen Fall wieder so machen würde. Ich habe mich vieler schöner Erinnerungen beraubt, weil das Kalorienthema im Raum hing – diverse Feiern, soziale Treffen und Urlaube waren grundsätzlich davon überschattet. Ich konnte nichts so genießen, wie ich es verdient hätte. Ich sage damit auf gar keinen Fall, dass es bei jeder Person so ausufern muss – nur leider weiß ich, dass meine Erfahrungen kein Einzelfall sind.

Die düsteren Auswirkungen exzessiver Kalorienzählung

Wir können nicht voraussetzen, dass sich alle Menschen der Risiken des Kalorienzählens bewusst sind. Damit spreche ich übrigens auch Fachkräfte aus dem Gesundheits- und Fitnesswesen an. Nur weil etwas für dich funktioniert, heißt das nicht, dass das auf alle potenziellen Kunden und Kundinnen übertragen werden kann. Nur weil XY damit angeblich toll abgenommen hat, heißt das nicht, dass es auch für dich funktioniert. Und abgesehen davon: Selbst wenn es zeitweise oder kurzfristig »funktioniert«, heißt das noch lange nicht, dass es dir wirklich guttut oder guttun wird. Hier folgen nun sieben Tatsachen, die Kalorienzählen als »Wellness-Tool« für mich und meine Kundschaft ungeeignet machen.

Wenn es nur mehr um die Kalorien geht, führt das dazu, dass du dich primär auf die Mengen statt auf die Qualität konzentrierst. Dies führt sehr schnell dazu, dass du low-calorie-verarbeitete Lebensmittel den nährstoffreichen, natürlichen Quellen vorziehst. Dieser Trend kann weitreichende Konsequenzen für deine Gesundheit haben.

Strenges Kalorienzählen kann dazu führen, dass du zu wenig der unentbehrlichen und essenziellen Nährstoffe zu dir nimmst, weil es nur darum geht, ein numerisches Ziel zu erreichen. Dies kann zu Mangelerscheinungen führen, die einen großen Einfluss auf dein Wohlbefinden und deine Leistungsfähigkeit haben.

Die ständige Kontrolle und Einschränkung deiner Kalorienzufuhr können dir Stress bereiten und dich unter großen Druck setzen – was großen Einfluss auf deine mentale Gesundheit haben kann. Die konstanten Gedanken an Kalorien können ungesunde Essverhaltensmuster, Essanfälle oder sogar Essstörungen begünstigen. Das Kalorienzählen kann darüber hinaus sehr zeitintensiv und mental erschöpfend sein. Es ist ein Lebensstil, der nicht intuitiv und auch nicht langfristig nachhaltig ist. Dies birgt das Risiko, dennoch Gewichtsschwankungen zu unterliegen, und setzt deinen Körper unter Druck. Starke Gewichtsschwankungen sind nachweislich gefährlicher als ein bisschen Mehrgewicht. Die tägliche Kontrolle kann nicht selten zu einem ungesunden, sehr fokussierten und extremen Blick auf die Ernährung und das Körperbild führen. Dieses Zwangsverhalten kann die Entstehung von Essstörungen noch zusätzlich fördern.

Sich nur auf die Kalorienmenge zu verlassen, kann dazu führen, dass du nicht mehr ordentlich auf die eigentlichen (täglich variierenden) Bedürfnisse deines Körpers hörst. Dies führt folglich zum Über- oder Unteressen. Beide Extreme sind ungünstig für dein Wohlbefinden und deine Gesundheit. Viele Personen, die lange unreflektiert Kalorien gezählt haben, beschweren sich darüber, ihr Hunger- oder Sättigungsgefühl nicht mehr richtig wahrnehmen zu können.

Ständiges Kalorienzählen kann dir das gemeinsame Essen im

Freundeskreis oder mit der Familie vermiesen. Wie gehst du dann mit Einladungen um? Es kann, wenn du es mit der Genauigkeit übertreibst, dazu führen, dass dein Verhältnis zum Essen noch angespannter wird. Du könntest richtige Ängste gegenüber sozialen Anlässen entwickeln und die Freude am Essen verlieren. Essen sollte jedoch nicht nur als reine Kalorienzufuhr betrachtet werden, sondern auch als Quelle von Genuss und sozialem Vergnügen.

Wenn du schon einmal Kalorien gezählt und tagelang in eine App eingetragen hast und zu dem Ergebnis gekommen bist, dass du eigentlich, bis auf das Wissen über Kaloriendichte, nicht weitergekommen bist oder gar »Rückschritte« gemacht hast, dann bitte hör auf, die Schuld bei dir zu suchen. Nimm die Tatsache an, dass Kalorienzählen weit entfernt von intuitivem Verhalten ist und eine weitere Diätform darstellt.

Alternativen und Auswege

Ein gesunder und ganzheitlicher Ansatz zur Ernährung und zum allgemeinen Wohlbefinden beinhaltet die Konzentration auf eine Vielzahl von Faktoren, die über das einfache Zählen von Kalorien weit hinausgeht. Hier sind einige Prinzipien, die du berücksichtigen kannst.

1. *Achtsames Essen:* Achte auf die Hunger- und Sättigungssignale deines Körpers. Iss langsam, genieße jeden Bissen und sei während der Mahlzeiten präsent. Dies kann dir helfen, ein besseres Verständnis für die Bedürfnisse deines Körpers zu entwickeln, und eine gesündere Beziehung zum Essen fördern.

2. *Nährstoffreiche Lebensmittel:* Betone natürliche, nährstoffreiche Lebensmittel wie Obst, Gemüse, Vollkornprodukte, mageres Eiweiß und gesunde Fette. Diese Lebensmittel liefern lebenswichtige Vitamine, Mineralstoffe und andere Nährstoffe, die die Gesundheit insgesamt unterstützen.

3. *Ausgewogene Mahlzeiten:* Strebe ausgewogene Mahlzeiten an, die eine Mischung aus Makronährstoffen (Kohlenhydrate, Pro-

teine und Fette) enthalten, um eine anhaltende Energie und Sättigung zu gewährleisten. Konzentriere dich auf eine Vielfalt von Farben und Aromen in deinen Mahlzeiten, um eine breite Palette von Nährstoffen sicherzustellen.

4. *Höre auf deinen Körper:* Achte darauf, wie verschiedene Lebensmittel dich beeinflussen. Beachte, wie sich deine Energielevels, deine Stimmung und deine Verdauung durch deine Essenswahl verändern. Dies kann dir helfen, Entscheidungen zu treffen, die am besten zu deinem Körper passen.

5. *Intuitives Essen:* Vertraue den Signalen deines Körpers und iss in Reaktion auf Hunger und Sättigung. Intuitives Essen bedeutet, auf die Bedürfnisse deines Körpers ohne externe Regeln oder Einschränkungen eingestellt zu sein. Es fördert eine positive Beziehung zum Essen und hilft, Über- oder Mangelernährung zu vermeiden. Intuitives Essen darf erlernt sein und wäre doch eine tolle neue Reise?

6. *Regelmäßige körperliche Aktivität:* Übe regelmäßig körperliche Aktivitäten aus. Bewegung ist ein wichtiger Bestandteil der allgemeinen Gesundheit und des Wohlbefindens. Finde Sportarten, die dir Freude bereiten, und mache sie zu einem Teil deiner Routine.

7. *Stressmanagement:* Vermindere Stress durch Techniken wie Achtsamkeit, Meditation, tiefe Atmung oder Aktivitäten, die Entspannung bringen. Chronischer Stress kann Essgewohnheiten und die allgemeine Gesundheit beeinflussen.

8. *Schlafqualität:* Kümmere dich um ausreichenden und qualitativen Schlaf. Schlafmangel kann hungerfördernde Hormone beeinflussen und zu schlechten Essensentscheidungen führen. Strebe sieben bis neun Stunden Schlaf pro Nacht an.

9. *Hydratation:* Trinke genügend Wasser im Laufe des Tages. Gut hydriert zu bleiben, ist entscheidend für die allgemeine Gesundheit und kann den Appetit regulieren.

10. *Langfristige Verhaltensänderungen:* Konzentriere dich auf nachhaltige Verhaltensänderungen anstelle kurzfristiger restriktiver Diäten. Kleine, schrittweise Veränderungen in den Essgewohnheiten und der körperlichen Aktivität sind eher langfristig beizubehalten.

11. *Kulturelle und persönliche Vorlieben:* Berücksichtige kulturelle und persönliche Vorlieben bei der Auswahl von Lebensmitteln. Das Genießen von Mahlzeiten, die mit deinem kulturellen Hintergrund und persönlichen Vorlieben in Einklang stehen, steigert die Zufriedenheit und fördert eine positive Beziehung zum Essen.

Im letzten Teil dieses Buches helfe ich dir mit meinem »Selbstbewusst gesund«-Journal und vielen Impulsen!

Fazit

Ich glaube schon, dass wir das Wissen über Kalorien und Kaloriendichte grundsätzlich nutzen können. Ich bringe meiner Klientel auch bei, Nährwerttabellen richtig zu interpretieren und ein Gefühl für Mengen zu bekommen. Mehr Wissen, das du anwenden kannst, ist immer sehr wertvoll.

Sobald aber ein Verhalten in ein Schwarz-Weiß-Denken abdriftet, ist Vorsicht geboten. Auch Aussagen von Coaches wie »Ist egal, Hauptsache die Kalorien stimmen am Ende des Tages« sind stark zu kritisieren. Immerhin sollte ein Coach, eine Coachin es sich zur Mission machen, dich ganzheitlich zu unterstützen und deine Gesundheit (auf allen Ebenen) zu fördern, anstatt zu verschlechtern. Und das tun solche Aussagen meiner Meinung nach sehr wohl. Mehr über beispielsweise die Eiweißdichte von Lebensmitteln zu lernen, ist smart – dafür jedoch reicht ein Blick auf Tabellen oder die Übersicht der infrage kommenden Lebensmittel deiner Ernährungsfachkraft. So kannst du sehr wohl für Struktur und Übersicht sorgen, ohne das eigene Hirn ständig abgeben zu müssen.

Denke daran, dass ein ganzheitlicher Ansatz zur Gesundheit nicht nur berücksichtigt, was du isst, sondern ebenso Aspekte beinhaltet, wie du isst, wie deine körperliche Aktivität, dein Stressmanagement und dein Lebensstil insgesamt aussehen. Es ist wichtig, einen Ansatz zu finden, der nachhaltig ist und zu deinen individuellen Bedürfnissen und Werten passt. Bei spezifischen Gesundheitsbedenken oder -zielen kann die Beratung durch eine Ernährungsberaterin oder einen Gesundheitsfachmann hilfreich sein.

Celebrity Diets: Glamour oder Realität?

Celebritys, Influencer und Influencerinnen haben einen erheblichen Einfluss auf die Ernährung von ihren Fans. Ihre Präsenz in den sozialen Medien, im Fernsehen und auf anderen Plattformen ermöglicht es ihnen, Millionen von Menschen zu erreichen und ihre Ansichten zu verbreiten. Sie mögen auf den ersten Blick attraktiv erscheinen, wenn es um Gesundheitsempfehlungen geht, aber es gibt mehrere Gründe, warum sie keine zuverlässigen Quellen für fundiertes Wissen in diesem Bereich sind.

Dies hier soll kein Bashing sein. Ich selbst bin mit meiner Präsenz auf Social Media auch manchmal in diese Kategorie einzuteilen. Es gibt so wunderbare Accounts bzw. Menschen mit hoher Reichweite, die unfassbar wertvolle Arbeit leisten. Meine liebsten »großen« Accounts findest du am Ende des Buches.

Die Rolle der Prominenten als Ernährungsvorbilder

Viele Celebritys und Content gestaltende Personen haben keine formale Ausbildung oder Qualifikationen im Gesundheitswesen oder der Ernährung. Ihre Ratschläge basieren möglicherweise auf persönlichen Erfahrungen oder Meinungen, nicht aber auf wissenschaftlichen Erkenntnissen. Eigene Erfahrungen sind allerdings kein Gütesiegel und reichen nicht aus, um anderen Ratschläge zu geben (vor allem, wenn es mit Investitionen einhergeht).

Viele werden darüber hinaus auch von Unternehmen bezahlt, um bestimmte Produkte zu bewerben. Dies kann zu einem Interessenkonflikt führen, da ihre Empfehlungen möglicherweise nicht auf objektiven Gesundheitsbewertungen basieren, sondern auf finanziellen Vereinbarungen des Sponsorings. Sie sind darüber hinaus oft darauf aus, Aufmerksamkeit zu erregen, und könnten daher extreme oder trendige Diäten und Lebensstile fördern, die nicht nachhaltig oder gesund sind. Solche Ansätze können langfristig negative Auswirkungen auf die Gesundheit haben.

Gesundheitsempfehlungen sollten auf wissenschaftlichen Erkenntnissen basieren und durch Forschung unterstützt werden. Influencer und Influencerinnen neigen jedoch dazu, ihre Meinungen ohne wissenschaftliche Überprüfung zu äußern, was zu irreführenden Informationen führen kann. Weiters können sie persönliche Ziele oder Motivationen haben, die nicht unbedingt mit dem Wohl der Allgemeinheit oder der individuellen Gesundheit ihrer Community übereinstimmen. Das Streben nach Popularität oder finanziellen Gewinnen kann ihre Ratschläge beeinflussen.

Es ist wichtig zu betonen, dass nicht alle Empfehlungen von Content Schaffenden und Celebritys zwangsläufig falsch oder schädlich sind. Es geht vielmehr darum, kritisch zu hinterfragen und sich bewusst zu sein, dass individuelle Gesundheitsbedürfnisse variieren und wissenschaftliche Quellen als Hauptreferenz zu nutzen sinnvoller wäre. Hiermit schließe ich mich selbst ein – wir sind am Ende des Tages alle nur Menschen und machen Fehler, glauben den falschen Quellen oder verschätzen uns.

In der Welt der Ernährung gibt es keine Patentlösungen. Einheitsdiäten und Empfehlungen wie fixe Ernährungspläne mögen zwar auf den ersten Blick verlockend erscheinen, aber toxisches Diätverhalten kann vermieden werden, wenn wir anerkennen, dass individuelle Bedürfnisse individuelle Lösungen erfordern. Hinterfrage Empfehlungen also bitte grundsätzlich immer, wenn es sich um pauschalisierte Aussagen handelt.

Viele Personen aus der Social-Media Branche erzählen von ihren eigenen Ernährungsvorlieben und bieten mit hübschen Fotos ihrer Mahlzeiten gleich optische Anregungen für ihre Gemeinschaften an. Dennoch sollte die Community kritisch hinterfragen und sich bewusst sein, dass diese Videos nicht immer einen umfassenden Einblick in die tatsächlichen Ernährungsgewohnheiten ihres Vorbilds bieten. Oft werden Mahlzeiten ohne den notwendigen Kontext geteilt, wie etwa individuelle Ernährungsziele, Gesundheitszustand oder spezielle Bedürfnisse. Dies kann zu Missverständnissen und falschen Schlussfolgerungen über die Effektivität bestimmter Ernährungsgewohnheiten führen.

Viele neigen dazu, ihre Mahlzeiten in sozialen Medien in einem bewusst ästhetisch ansprechenden Stil zu teilen. Damit gehen auch immer wieder Trends einher, die den Algorithmus füttern sollen. Viele dieser Videos scheinen Ernährungstrends, Ideologien und Modediäten zu fördern, ohne dass die wissenschaftliche Grundlage oder individuelle Verträglichkeit berücksichtigt werden. Wir dürfen nicht vergessen, dass auf Social Media geteilte Bilder und Videos nur einen sehr ausgewählten Ausschnitt zeigen. Sie verleiten einen natürlich zum Vergleich. Wenn du mit deiner Ernährung strauchelst, können solche Videos eher deprimieren, anstatt motivierend zu sein. Die Ersteller und Erstellerinnen der Fotos und Videos wissen schlussendlich nie, wie gewisse Inhalte angenommen und verstanden werden – was ein Grund ist, weshalb ich davon absehe, solche Einblicke zu posten, denn »What I eat in a day«-Videos geben oft nur einen eingeschränkten Einblick in die Realität.

Fazit

Sei dir immer bewusst, dass Fotos, Postings und Videos in den sozialen Netzwerken keine Vorlagen für deine individuellen Bedürfnisse sein können. Lass dich stattdessen lieber ganz grob inspirieren bzw. stöbere doch durch Rezepte. Davon gibt es zum Glück auch jede Menge, wofür ich diversen Content Schaffenden unfassbar dankbar bin.

»What I eat in a day«-Videos oder von Influencer und Influencerinnen beworbene »Wundermittel« sind quasi die kleinen Geschwister von pauschalen Ernährungsplänen – sie helfen dir leider nicht dabei, langfristige Optimierungen an deinem Lebensstil vorzunehmen. Lass dich inspirieren – ja! Lass dich davon komplett lenken und gib dein Hirn ab – nein!

Shakes und Pulver: Die Verlockung der schnellen Lösung

Ich weiß gar nicht, wo ich hier anfangen soll – im Zuge meiner Arbeit als Ernährungsberaterin und dank meiner Onlinepräsenz auf Social Media erreichen mich unzählige Fragen zu diversen Abnehm-Shakes und -präparaten. Obwohl ich eine klare Haltung gegenüber diversen stark vertriebenen Diäterzeugnisse habe, scheint es, als wäre die Faszination für diese Mittel bzw. die Hoffnung, die auf diese Produkte projiziert wird, stärker als der Verstand.

Ich spreche von diversen Pulvern (ausgenommen Proteinshakes), die bewusst so vermarktet werden, als wären sie der Heilige Gral fürs Abnehmen. Diese Shakes werden als Ersatz für eine oder mehrere Mahlzeiten im Laufe des Tages konsumiert und enthalten in der Regel eine Mischung aus Proteinen, Kohlenhydraten, Vitaminen, Mineralien und anderen Nährstoffen. Die Idee hinter diesen Shakes ist, dass sie eine kalorienarme Alternative zu üblichen Mahlzeiten bieten, während sie den Körper angeblich immer noch mit den notwendigen Nährstoffen versorgen.

Diese Produkte leben von einem starken Vertriebsmodell, vielleicht sagt dir der Begriff »Multi-Level-Marketing« (MLM) oder »Network Marketing« etwas. Es handelt sich um ein Geschäftsmodell, bei dem Produkte oder Dienstleistungen über ein Netzwerk von unabhängigen Vertriebsmitarbeitenden oder Mitwirkenden vermarktet und verkauft werden. Diese verdienen nicht nur durch den direkten Verkauf von Produkten oder Dienstleistungen Geld, sondern auch durch das Anwerben neuer Mitarbeitender und den Aufbau eines Teams, das als »Downline« bezeichnet wird.

Im MLM-Modell erhält man in der Regel Provisionen für den Verkauf von Produkten oder Dienstleistungen sowie für den Umsatz, den ihre Downline erzeugt. Das bedeutet, dass sie nicht nur durch ihre eigenen Verkäufe Geld verdienen, sondern auch durch die Verkäufe und das Anwerben ihrer Rekruten und Rekrutinnen und derer, die diese einstellen und so weiter, wodurch sich eine Hierarchie oder »Pyramide« ergibt.

Bei den Produkten geht es am Ende des Tages nicht um Wirksamkeit, Sicherheit oder Sinnhaftigkeit, sondern um Cash. Erschwerend kommt noch die Problematik hinzu, dass viele Personen, die im Vertrieb arbeiten keine formale Ausbildung oder gar Profi-Status besitzen. Das ist, als würde ich als Ernährungsfachkraft anfangen, dermatologisch relevante Produkte zu verkaufen, obwohl ich keine Dermatologin bin. Hier werden also zum Teil sehr teure Produkte (meist im Abo-Modell) an verzweifelte Personen verkauft, die nicht selten Vorerkrankungen oder eine Vorgeschichte mit essbezogenen Störungen haben (danke, Diätkultur, mal wieder!). Um die Verkaufszahlen zu fördern, wird mit diversen Versprechen und Vorher-nachher-Bildern gearbeitet sowie mit absolut unrealistischen »Erfolgsgeschichten«. Natürlich gibt es auch »echte« Erfolge – wenn du die Energiezufuhr radikal nach unten schraubst, nimmst du ab (wir besprechen jedoch gleich, zu welchem Preis), aber bitte bedenke, dass auch hier mächtig geschummelt wird. Wenn es um Geld und Profite geht, lässt sich der Mensch viel einfallen.

Schon beim Geschäftsmodell und bei den Verkaufenden kommen also bereits Kritikpunkte auf.

Ich habe zu den Fragen, was diese Produkte so besonders oder wirksam macht, leider keine Daten gefunden. Ob da jetzt Chili-Extrakt, Grüntee-Essenz oder etwas Vergleichbares drinnen ist oder nicht – ob das nun bekannte Personen von YouTube vertreten oder bestimmte Prominente darauf schwören oder nicht … ich muss dich hier leider – oder eher Gott sei Dank – enttäuschen.

Schnell abnehmen geht immer dann, wenn die Kalorienzufuhr sehr stark eingeschränkt wird oder überdurchschnittlich viel Energie verbraucht wird. Wer schon einmal eine kräftige Magen-Darm-Grippe hatte, weiß, wovon ich spreche, denn auch zehrende Erkrankungen, bei denen wir kaum etwas zu uns nehmen oder bei uns behalten können, führen zu einer schnellen Gewichtsreduktion.

Gefahren und Nebenwirkungen

Hier sind einige Fakten, die dich zum Nachdenken anregen sollen.

Es wird zwar immer damit geworben, dass ein Shake eine Mahlzeit ersetzen kann, jedoch sind diese Shakes primär so formuliert, dass sie halbwegs (?) gut schmecken und kalorienarm sind. Langfristig eingenommen können diese Präparate *nicht alle individuellen Bedürfnisse nach Nährstoffen decken* und zu Mangelerscheinungen führen. Eine Kundin hatte nach nur einem Monat mit »Stoffwechsel-Shakes« zum Frühstück starken Haarausfall. Eine weitere Kundin, die sich mit einer anderen populären Marke versorgte, die auch von ärztlichem Fachpersonal vertrieben wird, litt unter anhaltendem Durchfall, bis ich sie davon überzeugen konnte, die Produkte abzusetzen und wegzuschmeißen. Wie soll Einheitsware denn überhaupt individuelle Bedürfnisse decken können?

Eine Umstellung, um ein neues Körpergefühl zu erlangen, sollte immer so gewählt werden, dass sie theoretisch *langfristig* auch umsetzbar ist. Kannst du dir vorstellen, auf ewig ganze Mahlzeiten durch einen teuren Shake zu ersetzen, der dir nicht einmal schmeckt? Wie wir wissen, führt Verzicht auch im Verhalten zu einem Jo-Jo-Effekt. Die Einschränkung durch Shakes kann Heißhunger und Essanfälle verstärken.

Viele Abnehm-Shakes liefern nicht annähernd die Menge an Eiweiß, die wir zum Erhalt der Muskelmasse benötigen. Wenn wir die Kalorienzufuhr stark einschränken und gleichzeitig zu wenig Eiweiß konsumieren, riskieren wir den *Verlust von Muskelmasse*. Das wiederum führt zu negativen Effekten auf den Stoffwechsel und die allgemeine Gesundheit.

Abnehm-Shakes enthalten oftmals schwer verdauliche Zutaten wie künstliche Süßungsmittel, Zuckeralkohole und auch viel Fruchtzucker. Das kann wie bei meiner Kundin zu Durchfall, Blähungen und *Verdauungsproblemen* führen. Aufgrund der zum Teil intransparenten Zutatenliste kann bei gewissen Produkten schwer einschätzbar sein, ob alles vertragen wird. Erst recht, wenn die verkaufende Person keine tiefgehendere Vorbildung in Lebensmittelchemie und zu Unverträglichkeiten hat.

Wenn wir uns auf Shakes und Co. verlassen, geben wir zu einem gewissen Teil die Kontrolle ab, was zu einem *ungesunden Essverhalten* führen kann. Wir speichern mental ab, dass »normale« Mahlzeiten zu viel sind. Das führt dazu, dass wir unser übliches Essen oder bestimmte Mahlzeiten in »gut« und »schlecht« einordnen. Das ist weit entfernt von einem gesunden, entspannten Essverhalten und fördert wieder nur das schlechte Gewissen rund um das Essen. Das ist es wirklich nicht wert. Und wie bei allen Diäten lernst du am Ende des Tages nicht dazu. Du lernst nicht, was eine ausgewogene Ernährung ist – du lernst auch nicht, wie du deine Gewohnheiten verändern kannst oder neue Bewältigungsstrategien für emotionales Essen findest. Nachhaltige, langfristig haltbare und umsetzbare Veränderungen und Zustände können mit Shakes, für die du dein Hirn abgibst, nicht erreicht werden. Dein zugrunde liegendes Verhalten, deine Gewohnheiten, alten Glaubenssätze und Muster sind die Gründe für deinen Ist-Zustand. Mit ein paar Shakes ist daran gar nichts verändert oder umgestellt.

In meinen Erstgesprächen erzählen mir so viele Menschen, wie *viel Geld* sie schon für diverse Shakes aus dem Fenster geworfen haben – nur um dann eh wieder am Anfang zu stehen oder in einer noch schlechteren Verfassung zu sein. In der Regel werden einem Abos oder große Pakete verkauft, die genauso auch wertvolle Coaching-Einheiten decken würden. Dazu zählen übrigens auch diverse Saftkuren-Pakete, die besonders gerne rund um die Fastenzeit vermarktet werden. 150 Euro für drei Tage Saft – das sollte einem schon zu denken geben.

Manche Abnehm-Shakes können fragliche Zutaten und Zusätze wie Stimulanzien, Konservierungsmittel und künstliche Süßungsmittel sowie Aromen enthalten, die, länger und exzessiv eingenommen, *negative Folgen für deine Gesundheit* haben können. Das Problem bei Produkten, wie jenen von beispielsweise Herbalife, ist die Tatsache, dass sie keinen allzu strengen Testungen und Regulationen unterliegen, bevor sie vermarktet werden dürfen. Die verwendeten Zutaten werden eher schwammig und kaum transparent definiert, und es gibt nur wenige qualitätssichernde Maßnahmen und Kontrollen bzw. Belege, dass sie wirksam sind. Es gibt mittlerweile aber bereits Hinweise, Zeugenberichte und Beobachtungen, die zeigen, dass genannte Shakes sogar lebertoxisch sein könnten, wie es eine Untersuchung von 2019 beschreibt.

Fazit

Wir sollten uns nicht mehr von schnellen Ergebnissen blenden lassen, denn unsere mentale und physische Gesundheit ist unser oberstes Gut. Das Geld, das du für solche Produkte und Abos ausgibst, könntest du in nachhaltige und individualisierte Methoden investieren, wie in einen guten Personal Trainer oder eine Ernährungsberaterin. Oder auch in einen netten Strandurlaub, denn manchmal muss einfach der Stress reduziert werden und du selbst an die oberste Stelle gesetzt werden.

Es gibt keine Wundermittel und keine Abkürzungen in Pulverform und Co. Lass deine Gewohnheiten und Bedürfnisse individuell abklären und begib dich lieber auf eine sanftere Reise, die keine Nebenwirkungen mit sich bringt.

Schlankheitsspritze: der zweifelhafte Weg zum Idealgewicht

Was einst als Diabetes-Medikament eingeführt wurde, hat in den USA unter Prominenten bereits den Ruf als das Wundermittel gegen überschüssige Kilos erlangt. Auch in Österreich wird die Spritze bereits in der Adipositas-Therapie eingesetzt, allerdings manchmal zu leichtfertig … du fragst dich, was es damit auf sich hat? Lass mich genauer darauf eingehen.

Typ-2-Diabetes liegt vor, wenn eine erhebliche Insulinresistenz besteht und der Nüchternblutzucker bzw. der Langzeitzucker (HbA1c) zu hoch sind. Die Zellen reagieren nicht mehr angemessen auf das Hormon Insulin, das den Zucker normalerweise aus dem Blut in die Zellen transportiert. Dies führt dazu, dass der Blutzuckerspiegel nicht ausreichend gesenkt werden kann. Der Körper benötigt daher Unterstützung. Neben Insulinspritzen gibt es verschiedene medikamentöse Ansätze zur Senkung des Blutzuckers. Dazu gehören Medikamente, die die Insulinsensitivität der Zellen erhöhen (z. B. Metformin) oder die Ausscheidung von Zucker über die Nieren fördern (SGLT2-Hemmer). Zu dieser Gruppe von Medikamenten gehören auch die GLP-1-Analoga. Im Vergleich zu anderen Präparaten werden sie jedoch nicht oral eingenommen, sondern injiziert. GLP-1-Analoga (auch GLP-1-Rezeptor-Agonisten genannt) verzögern die Magenentleerung, reduzieren das Hungergefühl, verringern die Glukoseausschüttung durch die Leber und stimulieren die Bauchspeicheldrüse, in der das Insulin produziert wird. Die Injektionen werden entweder täglich oder wöchentlich verabreicht.

GLP-1 (Glukagon-ähnliches Peptid 1) ist ein körpereigenes Hormon im Darm, das eine Rolle im Zuckerstoffwechsel spielt, indem es die Insulinsekretion in der Bauchspeicheldrüse stimuliert und zur Sättigung beiträgt, sobald Glukose erkannt wird.

Mit Antidiabetika zur Traumfigur?

Im folgenden Abschnitt richte ich mich hauptsächlich an stoffwechselgesunde Menschen (ja, auch übergewichtige Menschen können einen gesunden Stoffwechsel haben). Bei Diabetes oder metabolischem Syndrom gelten individuelle Empfehlungen.

Wie bereits erwähnt, führen GLP-1-Analoga zu einer verzögerten Magenentleerung und einem reduzierten Hungergefühl, was eine Gewichtsabnahme mit dieser Therapie sehr wahrscheinlich macht, da dadurch auch die Energieaufnahme verringert wird. Bei gleichzeitiger Diät und körperlicher Betätigung kann eine Gewichtsreduktion von bis zu 25 Prozent des Ausgangsgewichts erreicht werden. Klingt zu schön, um wahr zu sein? Nun ja, leider können unter dieser Therapie Nebenwirkungen auftreten, die insbesondere den Magen-Darm-Trakt betreffen: Übelkeit, Erbrechen, ein sensibler Magen, Bauchschmerzen, Durchfall etc.

Einige Menschen würden vielleicht sagen, dass sie diese Nebenwirkungen akzeptieren würden, wenn sie dadurch tatsächlich abnehmen könnten. Und ganz ehrlich, ich finde diese Aussage ziemlich beunruhigend. Wie weit sind wir als Gesellschaft gekommen, wenn …

… wir lieber durch Medikamente abnehmen und dabei Verdauungsbeschwerden in Kauf nehmen, anstatt uns ernsthaft mit unseren Bedürfnissen und Ängsten auseinanderzusetzen?

… wir lieber über 1.000 Euro für Injektionen ausgeben, anstatt dieses Geld für eine umfassende Ernährungsberatung/-therapie zu nutzen?

… einige Ärztinnen und Ärzte Spritzen verschreiben, ohne den Lebensstil der zu behandelnden Person zu hinterfragen oder die Möglichkeit einer Ernährungstherapie aufzuzeigen?

... ein gestörtes Essverhalten und ein verzerrtes Körperbild von Influencer und Influencerinnen und Stars verherrlicht und als erstrebenswert dargestellt wird?

Unsere Gesellschaft und unser Gesundheitssystem bleiben weiterhin stark auf das Gewicht fokussiert. Sobald sich auch nur ein kleines Speckröllchen zeigt oder der BMI knapp außerhalb des Normalbereichs liegt, erhalten wir oft unerwünschte Kommentare und Hinweise – sogar schon im Kindesalter. Es ist fraglich, ob diese Bewertungen auch die Gesundheit einer Person miteinbeziehen. Der Druck von außen, dünn sein zu müssen, kann für Betroffene sehr belastend sein und zu ernsthaften Gesundheitsproblemen führen. Ohne diesen externen Druck würden viele Menschen wahrscheinlich nicht so stark mit ihrem Gewicht zu kämpfen haben.

In der Beratung ist es entscheidend, sämtliche Aspekte zu berücksichtigen und die zugrunde liegenden Ursachen der aktuellen Situation zu untersuchen. Es ist unzureichend, sich ausschließlich auf das Gewicht und das Energiedefizit zu konzentrieren, da dies möglicherweise Essanfälle oder Stressessen nicht vermindert, sondern sogar verstärkt. Häufig ist das Gewicht nicht das eigentliche Problem, sondern lediglich ein Symptom für tiefer liegende Herausforderungen. Einige Menschen haben den Kontakt zu ihren Hunger- und Sättigungssignalen verloren, während andere Schwierigkeiten haben, mit Stress umzugehen. Dies kann wiederum mit einem niedrigen Selbstwertgefühl einhergehen, das nicht einfach durch Gewichtsabnahme behoben werden kann.

Die Verwendung der Spritze ist bedauerlicherweise lediglich eine Behandlung der Symptome und hat keinen Einfluss auf dein Essverhalten, dein Ernährungswissen oder deine Lebensmittelauswahl (abgesehen davon, dass möglicherweise schwer verdauliche Nahrungsmittel vermieden werden müssen, um Übelkeit zu vermeiden). Versteh mich nicht falsch, manchmal ist es wichtig, zunächst die Symptome zu lindern, um dann die eigentliche Ursache anzupacken. Dies bedeutet jedoch, dass die »Abnehmspritze« nur dann eingesetzt werden sollte, wenn es als absolut notwendig erachtet wird und gleichzeitig eine Ernährungstherapie begonnen wird. Alles andere wäre schlichtweg unverantwortlich und unsinnig. Wenn die Spritze abgesetzt wird, besteht die Gefahr eines Jo-Jo-Effekts. Das Alarmierende daran ist, dass Gewichtsschwankungen noch viel schädlicher für die Gesundheit sind als ein (möglicherweise etwas zu hohes) konstantes Gewicht. Eine Gewichtsabnahme allein durch Medikamente kann daher nicht empfohlen werden.

Fazit

Hinter der scheinbar simplen Methode, Gewicht schnell durch Spritzen zu verlieren, verbergen sich viele Risiken. Neben schweren Verdauungsbeschwerden besteht auch die Gefahr einer erneuten Gewichtszunahme, sobald du die Anwendung beendest. GLP-1-Analoga können zwar bei Diabetes oder metabolischem Syndrom wirksam sein, doch bei gesunden Personen halte ich es für unangebracht, solche Nebenwirkungen in Kauf zu nehmen. Im Gegenteil, die Schäden für den Körper könnten größer sein als der Nutzen durch Gewichtsreduktion.

Ich hoffe darauf, dass ärztliches Fachpersonal im Interesse ihrer Patienten und Patientinnen handeln und sich verstärkt mit anderen Fachkräften sowie Therapeuten und Therapeutinnen vernetzen, anstatt die Pharmaindustrie bedingungslos zu unterstützen. Gleichzeitig wünsche ich mir eine grundlegende Umgestaltung des Gesundheitssystems, damit Fachkräfte genug Zeit und Ressourcen haben, sich wirklich um jede Patientin und jeden Patienten angemessen kümmern zu können. Angesichts des Fachkräftemangels und der miserablen Arbeitsbedingungen ist es bedauerlich, dass Patienten und Patientinnen oft wie am Fließband abgefertigt werden.

Das Milliardengeschäft mit Nahrungsergänzungsmitteln

Nahrungsergänzungsmittel (NEM) sind heutzutage weit verbreitet, und oft wird suggeriert, dass sie für ein gesundes Leben unerlässlich sind. Sie sind Ergänzungen zur alltäglichen Ernährung und notwendig, wenn bestimmte Nährstoffbedürfnisse nicht allein durch Nahrung gedeckt werden können. Wenn ein Nährstoffmangel im Blut festgestellt wird, reicht die normale Ernährung oft nicht aus, um ihn schnell genug auszugleichen. In solchen Fällen sind Präparate mit hoher Dosierung des betreffenden Nährstoffs notwendig. Beispiele für kritische Nährstoffe sind Eisen, insbesondere bei menstruierenden Personen, und Vitamin D im Winter oder für Neugeborene. Bei bestimmten Ernährungsweisen wie Veganismus ist es notwendig, vorbeugend Nahrungsergänzungsmittel wie Vitamin B12 einzunehmen. Erhöhter Nährstoffbedarf kann auch in der Schwangerschaft, wenn viel Sport gemacht wird, oder bei verschiedenen Krankheiten bestehen.

Leider machen sich viele Firmen und Unternehmen wie auch Personen des öffentlichen Lebens oder der sozialen Medien die Unsicherheit der Allgemeinheit zunutze, um eigene NEMs teilweise sehr teuer und fraglich dosiert zu vertreiben.

Es kursieren auch immer wieder Aussagen (von besagten Personen oder Unternehmen), dass unsere Nahrungsmittel immer nährstoffärmer wurden, wodurch letztendlich jeder zu Nahrungsergänzungsmitteln greifen müsse. Wie praktisch für die Umsätze. Doch diese Sichtweise sollte differenzierter betrachtet werden. Anstatt vorschnell zu Nahrungsergänzungsmitteln zu greifen, sollten wir zuerst die eigene Basisernährung analysieren. Eine ausgewogene Ernährung mit reichlich Gemüse, Obst, ungesättigten Fetten und ballaststoffreichen Lebensmitteln deckt in der Regel den Bedarf an Vitaminen und Mineralstoffen. Übermäßige Einnahme von Supplementen, wie z. B. Vitamin C, ist oft unnötig, da ein gesunder Körper das Überschüssige ausscheidet.

Gefahren einer Überdosis

Eine Überdosierung von Nahrungsergänzungsmitteln kann schädlich sein, abhängig von der Funktionsfähigkeit der Nieren, des Darms und der Leber, die für die Ausscheidung zuständig sind. Die Auswirkungen variieren je nach Nährstofftyp: Wasserlösliche Vitamine werden normalerweise ohne Schaden ausgeschieden, während sich fettlösliche Vitamine im Körper ansammeln und zu Problemen führen können. Zu den wasserlöslichen Vitaminen gehören die B-Vitamine und Vitamin C (bekannt aus Zitrusfrüchten, Gemüse und Obst allgemein sowie aus Kohlsorten). Fettlöslich sind die Vitamine A, D, E und K. Es ist wichtig, Supplemente nicht wahllos einzunehmen und regelmäßige Blutwertkontrollen durchzuführen. Investiere lieber in eine hochwertige Diagnostik, bei der Urin und Vollblut analysiert werden, anstatt blind irgendwelchen Einnahmeempfehlungen zu vertrauen.

Es kann schwierig sein, sich im Bereich der Nahrungsergänzungsmittel zurechtzufinden, selbst für Fachleute. Hier ein kurzer Leitfaden, der dir hilft, zu erkennen, ob es eher um den Verkauf von Produkten als um fachkundige Beratung geht.

Es ist wichtig, vorsichtig zu sein, wenn bei jedem kleinen Problem gleich ein passendes Produkt angeboten wird oder wenn Probleme geschaffen werden, um bestimmte Produkte zu empfehlen. Achte darauf, ob deine Berater und Beraterinnen eine qualifizierte akademische Ausbildung haben und ob sie unabhängig beraten oder mit einer Firma zusammenarbeiten. Es ist ebenfalls bedenklich, wenn keine Warnhinweise gegeben oder unrealistische Heilversprechen gemacht werden. Schließlich sollte eine Beratung nicht unmittelbar mit einem Produktverkauf verbunden sein. Content Schaffende oder Personen, die mit YouTube Geld verdienen sind keine kompetenten Mikronährstoffberatende – vergiss bitte nie, dass oft viel getrickst wird, um Umsätze zu generieren. Ein teures Präparat bzw. pauschale Einnahmeempfehlungen sollten bereits skeptisch stimmen.

Kompetente Berate und Beraterinnen, die dein Wohl im Sinn haben, erfragen immer deine Gesamtgesundheit und deinen Lebensstil.

Denn viele kleine Mängel oder Engpässe kannst du mit Anpassungen in deiner Ernährung beheben – ohne Unmengen an Geld auszugeben.

Konzentriere dich daher auf die Basics – ich nenne sie hier mal »die Felsen«.

* Trinke ausreichend kalorienarme Flüssigkeiten wie Wasser und Tee und passe die Menge deinen Bedürfnissen und deiner Aktivität an!
* Bewege dich täglich! Ob es Spaziergänge sind oder Work-outs im Gym, die Hauptsache ist: Bleib in Bewegung!
* Nimm vorwiegend minimal verarbeitete Lebensmittel mit hoher Nährstoffdichte zu dir. Sie sollten 80 Prozent deiner Basisernährung ausmachen.
* Schlafe täglich sieben bis neun Stunden!
* Baue in deine tägliche Ernährung mehr Protein und Ballaststoffe ein!

Supplements bzw. NEM sind eher Kieselsteine oder Sand im Vergleich zu den obigen Felsen. Suche also bitte nicht nach der ultimativen Lösung im Sand, wenn du den Felsen nicht ausreichend Aufmerksamkeit und Wertschätzung schenkst.

Fazit

Zusammenfassend lässt sich sagen, dass Nahrungsergänzungsmittel in bestimmten Situationen sinnvoll sein können, aber du solltest es nicht übertreiben. Sie sind vor allem dann angebracht, wenn ein Mangel oder erhöhter Bedarf besteht oder die Nährstoffaufnahme durch die übliche Ernährung unzureichend ist. Es ist ratsam, solche Entscheidungen mit einer vertrauenswürdigen Fachperson zu besprechen und gegebenenfalls eine zweite Meinung einzuholen.

Die Rettung: zuckerfrei, sorgenfrei?

Bleiben wir doch gleich bei den lukrativen Geschäftsmodellen. Im Laufe der Jahre haben sich die Nährstoffe in der Rolle des schwarzen Schafes abgewechselt. Mal ist Fett, dann wieder Zucker der Bösewicht und somit Nährboden für die nächste Crash-Diät. Es ist dennoch unumstritten, dass eine übermäßige Zufuhr von freiem bzw. zugesetztem Zucker gesundheitlich bedenklich und ein Risikofaktor für metabolische Erkrankungen, Fettleibigkeit, Übergewicht und Diabetes mellitus ist. Was mir aber große Sorgen macht, ist das Umschwenken in ein anderes Extrem: Anstatt ein Bewusstsein für die verschiedenen Formen von Zucker in der Ernährung zu entwickeln und auf eine ausgewogene Ernährung zu achten, um langfristige Gesundheitsrisiken zu minimieren, wird als Lösung einfach angeboten, alles durch künstliche Alternativen zu ersetzen, die mitunter auch noch richtig überteuert sind.

Hin und wieder auf zuckerfreie Produkte zurückzugreifen, die Süßungsmittel verwenden, ist vollkommen in Ordnung. Ich trinke auch gerne eine Coke Zero im Sommer und habe schon einmal mit Erythrit gebacken, da ich meinen Zähnen nicht unbedingt die volle Zuckerbombe zumuten möchte und den Zucker als Kick nicht brauche.

Beunruhigend finde ich den Trend, nun alle zuckerhaltigen Lebensmittel zu verteufeln und durch hoch verarbeitete Pendants zu ersetzen, an denen wir uns im Gegenzug überessen, weil sie ja »okay« sind. Das fördert das Diätverhalten und macht bei vielen Personen erst recht wieder ein schlechtes Gewissen, wenn etwas gegessen wird, das »echten« Zucker enthält.

Süßungsmittel in Maßen müssen überhaupt nicht bedenklich sein. Dennoch ist Achtsamkeit geboten, unter anderem weil nicht jeder Mensch die notwendige Verträglichkeit mit sich bringt.

Süße Krankmacher

Es gibt ein paar Aspekte, die wir nicht ignorieren können und die potenziell problematisch sein könnten.

Manche künstlichen Süßungsmittel können die *Insulinreaktion des Körpers beeinflussen,* auch wenn sie den Blutzuckerspiegel selbst nicht direkt erhöhen. Dies kann insbesondere für Personen mit Diabetes oder einer Tendenz zur Insulinresistenz problematisch sein, da eine gestörte Insulinreaktion den Umgang mit diesen Zuständen erschweren könnte. Diese Art von Süßstoffen könnte also die Insulinregulation beeinträchtigen, ohne den Blutzucker direkt zu beeinflussen, was eine Herausforderung für die Behandlung von Diabetes und verwandten Stoffwechselbedingungen darstellt.

Forschungsergebnisse weisen darauf hin, dass künstliche Süßstoffe weitreichende Auswirkungen auf die Zusammensetzung und *Funktion des Mikrobioms* haben können. Das Darmmikrobiom, eine komplexe Gemeinschaft von Mikroorganismen im Verdauungstrakt oder der »Darm-Zoo«, wie es meine Kollegin Daniela Mulle liebevoll nennt, spielt eine entscheidende Rolle für die Verdauungsgesundheit und das allgemeine Wohlbefinden. Künstliche Süßstoffe, die in vielen zuckerfreien oder kalorienreduzierten Lebensmitteln und Getränken zu finden sind, können diese mikrobielle Gemeinschaft beeinflussen, was wiederum Auswirkungen auf die Darmgesundheit haben könnte. Änderungen im Darmmikrobiom, verursacht durch künstliche Süßstoffe, könnten zu einer Reihe von Verdauungsproblemen führen, einschließlich Veränderungen in der Nährstoffaufnahme, im Stoffwechsel und in der Immunfunktion. Langfristig könnten solche Veränderungen zu Störungen des Gleichgewichts der Darmflora führen, was wiederum das Risiko für bestimmte Erkrankungen wie entzündliche Darmerkrankungen, Übergewicht und sogar Stoffwechselstörungen erhöhen könnte.

Während künstliche Süßstoffe weniger oder keine Kalorien enthalten, gibt es Hinweise darauf, dass sie *Heißhunger auslösen* und die Neigung zu einer höheren Kalorienaufnahme aus anderen Quellen fördern können, was das Gewichtsmanagement erschweren kann.

Zwar sollten Lebensmittel nicht danach bemessen werden, da es alles eine Frage der Gesamtmengen ist, dennoch ist das ein wichtiger Aspekt.

Künstliche Süßstoffe sind oft viel süßer als Zucker, was dazu führen kann, dass sich das *Geschmacksempfinden verändert* und eine Präferenz für stärker gesüßte Lebensmittel entwickelt wird. Wenn wir schwierige oder emotionale Situationen mit süßen Lebensmitteln bewältigen, kann diese Entwicklung das Überessen noch mehr fördern.

Die Verwendung von künstlichen Süßstoffen kann zu einer *falschen Sicherheit* führen, indem sie das Gefühl vermitteln, dass wir »gesund« essen, was zu einer Vernachlässigung anderer wichtiger Aspekte einer ausgewogenen Ernährung führen kann. Ich bin immer wieder erstaunt, dass es ein nach wie vor weit verbreiteter Glaube ist, es ginge immer nur um die richtige Kalorienbilanz. Zuckerfreie, süße Produkte sind kein Ersatz für eine ausgewogene Ernährung.

Fazit

Du brauchst nicht für alles Geschmackspulver, Sirupe oder Mehlmischungen mit hoch dosierten Süßungsmitteln sowie Proteinen, um ein neues Wohlbefinden zu erlangen. Lege primär Wert auf eine ausgewogene, natürliche Ernährungsform und lerne lieber einen gesunden Umgang mit allen Lebensmitteln!

Teil 2

HERAUSFORDERUNGEN UND WAS WIRKLICH HILFT

Im ersten Teil dieses Buches ging es um eine Abrechnung mit Ernährungstrends, die in meinen Coachings immer wieder angesprochen werden bzw. mit denen sich meine Community herumschlägt. Ich denke, damit wäre mal geklärt, ob die für deine nachhaltige Wohlfühlreise denn so Sinn machen, oder?

In diesem nächsten Teil möchte ich anhand von Fragen und Fakten Lösungsvorschläge zur Veränderung bieten. Es folgen Anregungen, die mit der Umsetzung und den gängigen Herausforderungen zusammenhängen.

Warum ist der Anfang so schwer?

Die ersten Schritte sind getan: Du bist bereit für die notwendige Veränderung. Du hast dir deine Ziele aufgeschrieben und freust dich schon drauf, aber … du kommst einfach nicht in die Gänge. Dieses Gefühl kennst du noch von früher: Jedes Mal, wenn deine Vorhaben, eine bestimmte Diät oder Ähnliches nicht aufgegangen sind oder du einen »Ausrutscher« hattest, bist du einfach nicht mehr so gut reingekommen. Woran liegt das? Und warum ist das Losstarten nun so schwer, obwohl du weißt, was du willst?

Ich möchte hier betonen, dass du nicht faul oder unfähig bist. Ja, wenn du etwas willst, ist Disziplin sehr, sehr wichtig und wird immer wieder unterschätzt (wir setzen zu viel auf die Motivation, die leider nicht jeden Tag aufkreuzt). Es ist so, dass unser Gehirn auf eine gewisse Art und Weise »verkabelt« ist. Was ich damit genau meine, ist das psychologische Phänomen Negativity Bias. Hier geht es um die Tendenz des menschlichen Gehirns, negativen Informationen oder Erfahrungen mehr Aufmerksamkeit und Gewicht zu geben als positiven. Warum macht unser Gehirn das? Der Grund ist simpel, es ist der Schutz vor unbekannten und potenziell gefährlichen Szenarien und Erfahrungen.

In Bezug auf Gewohnheiten und Verhaltensmuster kann der Negativity Bias eine wesentliche Rolle dabei spielen, Entscheidungen und Veränderungen zum Besseren schwerer zu gestalten. Aus der Perspektive der Neurowissenschaft hat der Negativity Bias seine Wurzeln in der Evolutionsgeschichte. Im Laufe der Menschheitsgeschichte war es stets überlebensnotwendig, ein gutes Gespür für potenzielle Gefahren und Risiken zu besitzen. Daher hat unser Gehirn einen Mechanismus entwickelt, um negative Informationen zu priorisieren, sodass es mögliche Bedrohungen schneller erkennen und somit schneller darauf reagieren kann, um sich bzw. uns zu schützen.

Dieser Mechanismus kann auch in unserer hoch entwickelten Welt noch viele Auswirkungen und Einflüsse auf unsere Gewohnheiten haben.

Eine Erwartungshaltung gegenüber negativen Auswirkungen oder Ergebnissen, wie zum Beispiel die Angst, etwas, das man sich vorgenommen hat, nicht zu schaffen (vor allem dann, wenn schon einige »Niederlagen« verzeichnet wurden), oder die Angst vor unbequemen bzw. unangenehmen Situationen (z. B. das Gefühl, als Neuling im Fitnessstudio von allen angestarrt zu werden), kann eine starke Barriere darstellen. Du fängst quasi gar nicht erst an, weil sich die Veränderung einfach zu groß anfühlt und du an das Erreichen nicht wirklich glauben kannst. Unser »altes Denken« kann diese Ängste verstärken und das Losstarten, auch wenn die Vorhaben sehr wohl gesund und positiv genug gewählt sind, deutlich erschweren.

Wenn du negative Erfahrungen oder Konsequenzen bisher mit Verhaltensveränderungen assoziiert hast, kann der Gedanke daran emotional stark aufgeladen sein. Diese starken Emotionen können dir über deine Vorhaben »drüberfahren«. Vielleicht kennst du das, du fühlst dich gehemmt, fast wie eingefroren und unfähig, einen Schritt zu tun. Alte Gewohnheiten, die dir nicht guttun, können bei aller Logik sehr schwer loszulassen sein. Ein Beispiel: Dein Umfeld hat bisher sehr negativ, gehässig oder genervt auf deine Vorhaben und alte/bekannte Gewohnheiten reagiert. Du hast Angst, den sozialen Anschluss zu verlieren. Zugehörigkeit und ein gutes soziales Netz sind menschliche Grundbedürfnisse – es ist also kein Wunder, wenn sich im ersten Moment ein Ja zu dir selbst falsch anfühlt.

Schlechte Erfahrungen neigen nun dazu, eher und intensiver hängen zu bleiben als positive. Wir sagen auch nicht umsonst, dass wir zehn Komplimente brauchen, um eine einzige Kritik auszugleichen (das ist richtig schade, wenn du darüber nachdenkst). Somit kann es sein, dass wir uns ständig an alte Situationen, Niederlagen, Rückschläge etc. erinnern. Das macht das Durchziehen von neuen Maßnahmen natürlich auch noch mal schwerer.

Das Belohnungssystem des Gehirns ist am Entstehungsprozess von Gewohnheiten beteiligt, und negative Erfahrungen können Stressreaktionen auslösen, die die Funktion dieses Systems beeinträchtigen. Dies kann es schwieriger machen, dass positive Verstärkung mit der Wirkung von negativen Erfahrungen erfolgreich konkurriert.

Das alles sind neurowissenschaftliche Tatsachen, die du für dich nutzen kannst, um ein Umdenken leichter zu machen. Denn es ist unfassbar hilfreich, zu wissen, was da oben in deinem Gehirn abgeht und wie es dein mentales Wohlbefinden beeinflusst. Hier sind drei Tipps, um den Negativity Bias herauszufordern und dein Gehirn neu zu trainieren:

1. *Positive Verstärkung:* Suche und unterstreiche aktiv all die positiven Aspekte der Veränderung, egal wie klein sie scheinen. Das funktioniert wie bei einer klassischen Pro-kontra-Liste, nur suchst du bewusst nach den »Pros«, um stark und bewusst die Ängste und negativen Aspekte (die eigentlich keine sind) auszugleichen. Hier kann zusätzlich ein Dankbarkeitstagebuch helfen.

2. *Achtsamkeit und verstärktes Bewusstsein:* Wie schon erwähnt, hilft es, sich dieser Mechanismen im Kopf bewusst zu werden. So kannst du ganz gezielt negative Ansätze umformulieren, weil du weißt, dass du deine Gedanken sehr wohl lenken kannst. Du kannst beispielsweise einen negativen Gedanken wie »Ich bin so unsportlich, ich werde niemals da hinkommen, wo die anderen sind, und mich wohl nur blamieren« positiv umformulieren, indem du dir sagst: »Profis werden nicht geboren, und meine Sportlichkeit ist eine Fähigkeit, an der ich arbeiten kann. Aller Anfang ist schwer, aber mit jedem Training werde ich besser werden und dazulernen. Der Weg ist das Ziel.«

3. *Veränderung in kleinen Schritten:* Passe deine Erwartungen bitte an. »Versagen« passiert oft da, wo wir uns zum einen nicht genug zutrauen und zum anderen viel zu hohe und perfektionistische Erwartungen an uns haben. Vergiss dein Ego mal und breche deine Ziele und gewünschten Gewohnheiten in ganz kleine Etappen herunter. Mach dir das Gewinnen und Erreichen leicht. So stärkst du dein Selbstbewusstsein, während du vorankommst. Veränderungen müssen nicht krass oder einschlägig sein, damit sie zählen.

Wie geht es dir jetzt, wo du weißt, was »da oben« manchmal los ist? Habe Verständnis für dich selbst, aber versuche, dich aus der

Opferrolle herauszuholen. So erst kannst du offen für neue Lösungen und Strategien sein.

Der innere Schweinehund: unüberwindbare Hürde oder Chance zur Veränderung?

Das Verlangen nach dem Weg des geringsten Widerstands, auch bekannt als »Bequemlichkeitsbias« oder »Faulheitsprinzip«, kann einen erheblichen Einfluss auf unsere Fähigkeit zur Entwicklung und Aufrechterhaltung gesunder Gewohnheiten haben. Hier sind einige Möglichkeiten, wie dieses Verlangen unsere Entscheidungen beeinflussen kann.

Das Bedürfnis nach sofortiger Befriedigung kann dazu führen, dass wir uns für kurzfristige, bequeme Optionen entscheiden, anstatt langfristige gesunde Gewohnheiten zu entwickeln. Gesundheitsziele erfordern oft Zeit und Anstrengung, während ungesunde Gewohnheiten oft sofortige Befriedigung verschaffen. Das Problem: Wir werden dank Werbung und Co. mit Produkten und Challenges konfrontiert, die suggerieren, es ginge alles schnell, einfach und ohne einen Finger zu krümmen – siehe Konzepte wie »Abnehmen im Liegen«. Wenn wir dann merken, dass dem nicht so ist, folgt oft der große Frust, und die Motivation liegt am Boden.

Der Weg des geringsten Widerstands führt oft durch unsere Komfortzone, wo alles vertraut und einfach ist (siehe auch Negativity Bias). Der Versuch, gesunde Gewohnheiten zu entwickeln, erfordert oft Veränderungen und Herausforderungen, die wir vermeiden möchten. Dies kann dazu führen, dass wir lieber in der Komfortzone bleiben, anstatt uns auf Neues einzulassen. Annehmen, akzeptieren und … loslassen! Es beginnt bei dir und deiner Einstellung zu dir selbst. Und ich sage es dir an dieser Stelle: Du kannst das und du bist es so sehr wert!

Unsere Bequemlichkeitsneigung kann darüber hinaus zu mangelnder Motivation führen, wenn die Belohnungen für gesunde Verhaltensweisen nicht sofort spürbar sind. Da der Weg zu einem gesunden Lebensstil oft mit Anstrengungen und Disziplin verbunden ist (und Disziplin, warum auch immer, mit Verzicht und Zwang verbunden wird), kann die fehlende sofortige Belohnung dazu führen, dass wir aufgeben oder uns von unseren Zielen abwenden. Der Klassiker wären hier die Neujahrsvorsätze. Motivation gibt's leider nicht gratis, und während wir auf die Motivation warten, werden wir alt. Zu Selbstliebe und Disziplin werde ich dir im nächsten Kapitel neue Anreize geben.

Das Verlangen nach dem Weg mit geringstem Widerstand kann auch zu kurzfristigen Entscheidungen führen, die langfristig negative Auswirkungen auf die Gesundheit haben können. Beispielsweise kann die Wahl von schnellen, ungesunden Mahlzeiten anstelle von ausgewogenen, selbst zubereiteten Optionen aufgrund ihrer ständigen und leichten Verfügbarkeit langfristig zu Gesundheitsproblemen führen. Wir übersehen quasi auch die Zeit. Der stressige, schnelllebige Lebensstil unserer Zeit und unseres Umfeldes formt hier tatkräftig mit. Wenn wir nicht gelernt haben, unsere Emotionen zu regulieren, agieren wir eher aus einem Impuls oder Schmerz heraus.

Um gesunde Gewohnheiten zu fördern, ist es daher wichtig, Strategien zu entwickeln, die den Bequemlichkeitsbias berücksichtigen. Dies könnte beispielsweise die schrittweise Integration gesunder Gewohnheiten in den Alltag, die Schaffung von Anreizen und Belohnungen für langfristige Ziele oder die bewusste Überwindung der Komfortzone beinhalten. Es geht darum, Wege zu finden, wie gesunde Entscheidungen ebenfalls bequem und attraktiv werden können, um den Widerstand zu minimieren.

Dafür ist es wichtig, das »Schwarz-Weiß-Denken« herauszufordern und abzulegen. Es muss nicht alles schnell gehen. Dein Weg darf konsequent und nachhaltig sein. Gesundheit und Wellness sind eine lange, lebenslange Reise und kein Hundertmetersprint. Erworbene Erfolge müssen schließlich auch langfristig gehalten werden. Mein »Selbstbewusst gesund«-Journal, das du im dritten Teil dieses Buches findest, wird dir dabei helfen.

Disziplin: zwischen Zwang und Selbstliebe

Mir ist bewusst, dass jede Person Selbstliebe und Disziplin unterschiedlich definiert. Somit möchte ich deine persönliche Anschauung nicht schmälern – gleichzeitig möchte ich dir mit meinen eigenen Erfahrungen und Beobachtungen eine neue Denkweise anbieten.

Die Aussage »Disziplin ist Selbstliebe« spiegelt die Idee wider, dass die Ausübung von Disziplin in Wirklichkeit eine Form der Fürsorge und Wertschätzung für sich selbst ist. Nehmen wir als ganz banales Beispiel das Zähneputzen her: Anfangs war es als Kleinkind vielleicht ein Übel sondergleichen, mit der Zeit haben wir uns aber daran gewöhnt bzw. daran Gefallen gefunden und heute können wir uns ein Leben ohne Zähneputzen gar nicht mehr vorstellen. Aus Disziplin wurde eine Gewohnheit.

Ich möchte dir im Folgenden ein paar Ansätze zu dieser anderen Perspektive geben.

Disziplin bedeutet oft, kurzfristige Befriedigungen zugunsten *langfristiger Ziele und Vorteile* zu opfern. Indem wir uns auf Gesundheit, Karriereziele oder unsere persönliche Entwicklung konzentrieren, kümmern wir uns um unser zukünftiges Wohlbefinden. Hast du dich schon mal gefragt, wer bzw. wie dein Zukunfts-Ich sein soll? Mach das mal, gestalte deine 2.0-Version. Immer, wenn du dich für etwas entscheidest, das diese Version unterstützt, wirst du ihr Schritt für Schritt näherkommen!

Durch Disziplin zeigen wir *Respekt gegenüber uns selbst* und unseren eigenen Ambitionen. Sie ist ein Zeichen dafür, dass wir unsere Ziele ernst nehmen und bereit sind, dafür zu arbeiten.

Disziplin hilft dir dabei, *Herausforderungen und Schwierigkeiten zu überwinden.* Das fördert das Selbstvertrauen und die Selbstachtung, da du lernst, auf die eigenen Stärken und Fähigkeiten zu vertrauen. Wir wissen alle, dass es unglaublich wertvoll ist, eine gewisse Resilienz aufzubauen, um schwere Zeiten besser zu bewältigen. Und wer hat denn schon etwas gegen einen Confidence Boost?!

Regelmäßige Disziplin in Bereichen wie Ernährung, Bewegung oder Arbeitsethik fördert die *Entwicklung gesunder Gewohnheiten,* die langfristig das persönliche Wohlbefinden steigern. Disziplin kann auch zu *emotionaler Stabilität* beitragen, indem sie hilft, Impulse zu kontrollieren und bewusstere Entscheidungen zu treffen. Abgesehen davon beweisen wir uns dadurch selbst, dass wir etwas Bestimmtes können. Das stärkt unseren Selbstwert.

Umgesetzte Aufgaben, erledigte Vorhaben und der Stolz über erfolgreich abgeschlossene Projekte fördern unsere Motivation, nicht andersherum. Das Tun kommt zuerst, dann folgt erst die Motivation. Die *Motivation ist die Belohnung,* die wir durch Disziplin aus Selbstliebe bekommen. Und es ist auch genau diese Motivation, die uns weiter vorantreibt.

Insgesamt betrachtet, impliziert diese Aussage, dass echte Selbstliebe nicht nur darin besteht, sich selbst zu verwöhnen oder unmittelbare Wünsche zu erfüllen, sondern auch darin, die notwendige Arbeit und Mühe zu investieren, um ein gesundes, erfülltes und ausgewogenes Leben zu führen. You have this one life! Du verdienst genau die Version, die du dir dafür wünschst!

Selbstakzeptanz: die Kunst, sich schön zu finden

Was soll ich tun, wenn ich mich in meinem Körper nicht wohlfühle, aber keine Diät machen möchte? Wie passen Body Positivity und der Wunsch nach Gewichtsabnahme zusammen?

Diese Fragen erreichen mich sehr häufig. Und ich verstehe das Dilemma. Auf Social Media und Co. wird vieles geschönt, übertrieben und aggressiv dargestellt. Da kann es dich ganz schön verunsichern, wenn du einerseits der Diätkultur den Rücken zukehren, aber gleichzeitig etwas an dir selbst verändern möchtest, warum, sei jetzt dahingestellt. Eines ist aber ganz klar: Diskriminierung aufgrund des

Körpergewichts oder Aussehens (u. v. m.) ist unterste Schublade und gehört im Keim erstickt. Darf ich mich aber nun äußerlich verändern oder fördere ich dieses toxische Gedankengut damit?

Vorweg erst mal: dein Körper – dein Leben – deine Wahl!

Ja, du darfst dich verändern. Kritisch wird es, wenn das auf Kosten anderer oder deiner Gesundheit geht, da hisse ich eine rote Flagge. Der Schlüssel liegt in dem Ursprung, der Motivation und der Art und Weise, wie du das Ziel des Abnehmens angehst.

Wenn das Ziel des Abnehmens auf Gesundheit und Wohlbefinden ausgerichtet ist, anstatt auf das Erreichen eines idealisierten Körperbildes, steht dies im Einklang mit den Prinzipien der Body Positivity. Es ist wichtig, dass der Wunsch, abzunehmen, aus einem Gefühl der Selbstliebe und Selbstfürsorge heraus entsteht, nicht aus Selbsthass oder dem Gefühl, nicht (gut) genug zu sein.

Dein Fokus sollte auf realistischen und nachhaltigen Änderungen des Lebensstils liegen, nicht auf Extremen oder ungesunden Diäten. Alle Änderungen, die du annehmen und umsetzen möchtest, sollten möglichst so gewählt sein, dass du dir vorstellen kannst, sie bis an dein Lebensende durchhalten zu können!

Lerne, deinen Körper in allen Phasen zu akzeptieren, du wirst dir nicht jeden Tag gefallen, du wirst an manchen Tagen schlechtere »Body Image Days« haben, und das ist auch in Ordnung so (siehe Toxic Positivity).

Es ist grundlegend und essenziell, kritisch zu hinterfragen, warum du abnehmen möchtest und inwieweit diese Entscheidung möglicherweise von externen Schönheitsidealen beeinflusst wird.

Letztlich geht es um die Befähigung jeder Person, ihren eigenen Körper zu akzeptieren und zu lieben, unabhängig davon, wo sie auf ihrer persönlichen Reise steht. Abnehmen zu wollen, muss nicht im Widerspruch zu diesen Werten stehen, solange es auf eine gesunde, sich selbst liebende und respektvolle Weise erfolgt.

Body Positivity

Body Positivity ist eine Bewegung, die darauf abzielt, ein positives Körperbild zu fördern und Selbstliebe und Akzeptanz für alle Körperformen und -größen zu unterstützen. Sie setzt sich gegen unrealistische Schönheitsideale und Diskriminierung aufgrund des äußeren Erscheinungsbildes ein. Die Bewegung betont, dass jeder Körper, unabhängig von Form, Größe, Hautfarbe, Geschlecht, Behinderung oder Aussehen, wertgeschätzt und respektiert werden sollte.

Body Positivity fördert ein gesundes Selbstbild und Selbstbewusstsein und stellt sich gegen negative gesellschaftliche Einstellungen, die Menschen aufgrund ihres Erscheinungsbildes beurteilen oder diskriminieren. Es geht darum, Vielfalt zu feiern, sich in seinem eigenen Körper wohlzufühlen und sich nicht von externen Schönheitsstandards unter Druck setzen zu lassen. Diese Bewegung hat in den letzten Jahren durch soziale Medien und verschiedene öffentliche Kampagnen an Bedeutung gewonnen.

Wie bei jeder Bewegung gibt es valide Kritikpunkte und die Tendenz, in ein anderes Extrem zu kippen. Wie du wohl schon erkennen konntest, bin ich eher Team »Grauzonen und Balance« statt »Schwarz und Weiß«. Polarität ist wichtig, um Stellung zu beziehen, aber ich bin der Meinung, dass das die Vielschichtigkeit diverser Themen untergräbt.

Welche Aspekte der Body-Positivity-Bewegung nehme ich als kritisch wahr?

Ich sehe hier und da die Tendenz, dass Body Positivity den Fokus von der Gesundheit auf die ästhetische Akzeptanz verschiebt – das merken wir daran, wie Unternehmen diese Bewegung für den Kommerz ausnutzen. Die Betonung liegt mehr auf dem Aussehen als auf gesundheitlichen Aspekten, was bei einigen Menschen zu einem ungesunden Lebensstil führen könnte.

Ich finde außerdem, dass die ständige Betonung der Selbstliebe und Selbstakzeptanz Druck erzeugen kann, sich ständig positiv im eigenen Körper zu fühlen, was unrealistisch und potenziell schädlich sein kann.

Die Bewegung scheint, dank Social Media und unfundierter Stimmen, komplexe Fragen der Körperwahrnehmung und Gesundheit zu vereinfachen und nicht ausreichend auf individuelle Unterschiede und Bedürfnisse einzugehen. Body Positivity darf die Gesundheitsförderung nicht ausklammern und nur auf das Aussehen der Figur reduziert werden oder als solches verstanden werden. Sich gesünder zu ernähren und den Körper bei Übergewicht entlasten zu wollen, darf auch kein Grund für Diskriminierung und Streit sein.

Body Neutrality

Body Neutrality ist ein Konzept, das sich von Body Positivity unterscheidet, obwohl beide Bewegungen ähnliche Ziele der Selbstakzeptanz und des Wohlbefindens verfolgen. Ich finde diesen Ansatz für die meisten Menschen realistischer und sanfter. Hier folgen nun die Hauptunterschiede:

Fokus auf Akzeptanz vs. Liebe

BODY POSITIVITY
Diese Bewegung legt den Schwerpunkt auf die Liebe und Wertschätzung des eigenen Körpers, unabhängig von seiner Form oder Größe. Es geht darum, sich selbst aktiv positiv wahrzunehmen und Schönheitsideale zu hinterfragen.
BODY NEUTRALITY
Body Neutrality konzentriert sich eher auf die Akzeptanz des Körpers, wie er ist, ohne den Druck, ihn lieben oder ständig positiv bewerten zu müssen. Es geht darum, ein neutrales Gefühl gegenüber dem eigenen Körper zu entwickeln und sich weniger auf das äußere Erscheinungsbild zu konzentrieren.

Emotionale Herangehensweise

BODY POSITIVITY
Personen, die diese Bewegung befürworten, ermutigen zu einer positiven emotionalen Beziehung zum eigenen Körper, was bei manchen Menschen zu einem erhöhten Druck führen kann, sich ständig positiv wahrzunehmen.
BODY NEUTRALITY
Diese Sichtweise ermöglicht eine eher praktische und weniger emotional aufgeladene Beziehung zum Körper. Sie erkennt an, dass nicht jeder Tag ein Tag sein muss, an dem wir unseren Körper lieben oder uns intensiv damit beschäftigen müssen.

Umgang mit Körperbild und Selbstwahrnehmung

BODY POSITIVITY
Zielt darauf ab, alle Arten von Körpern zu feiern und aktiv gegen negative Stereotype und Körperdiskriminierung vorzugehen.
BODY NEUTRALITY
Legt weniger Wert auf den Körper als solchen und fördert die Idee, dass der Wert einer Person nicht an ihrem äußeren Erscheinungsbild gemessen werden sollte.

Praktische Anwendung

BODY POSITIVITY
Kann für Menschen, die mit ihrem Körperbild kämpfen, herausfordernd sein, da sie eine durchgehend positive Einstellung zum eigenen Körper erfordert.
BODY NEUTRALITY
Kann eine realistische Herangehensweise für Menschen bieten, die es schwierig finden, ständig positive Gefühle für ihren Körper zu haben. Sie bietet einen Weg, Frieden mit dem eigenen Körper zu schließen, ohne ihn ständig zu bewerten. Alles steht und fällt jedoch mit der Nachhaltigkeit und viel Geduld.

Ich finde den Ansatz der Body Neutrality sanfter und realistischer. Später besprechen wir noch Gentle Nutrition, eine Philosophie der intuitiven Ernährung, die uns lehren kann, wie wir diesen neutralen, pragmatischen Ansatz sowohl für unseren Lebensstil als auch für unser Essverhalten nutzen können.

Toxic Positivity

Stelle dir vor, du stehst vor einer Herausforderung, die dein Herz schwer macht, und jemand sagt dir lapidar: »Denk positiv!« – ohne dir Raum für deine wahren Gefühle zu lassen. Das, liebe Leserinnen und Leser, ist Toxic Positivity. Es ist dieser überwältigende Druck, ständig positiv zu sein, auch wenn die Realität etwas ganz anderes sagt. Es ist wie ein schrill aufgemaltes Lächeln, das tiefe Traurigkeit verbirgt.

In unserem ständigen Bestreben nach einem glücklichen, erfüllten Leben vergessen wir oft, dass es völlig menschlich ist, auch mal nicht okay zu sein. Toxic Positivity spricht uns diese Menschlichkeit ab. Sie schafft eine Kultur, in der nur Glück als akzeptable Emotion gilt und Traurigkeit oder Wut als Schwäche angesehen werden. Dieser ungesunde Optimismus kann dazu führen, dass wir unsere wahren Gefühle unterdrücken und uns selbst in einem Meer aus scheinbarer Zufriedenheit verlieren.

Es ist wichtig, uns daran zu erinnern, dass echte Positivität Raum lässt für alle Emotionen, die das Leben zu bieten hat. Positiv zu sein, bedeutet, uns selbst zu erlauben, zu fühlen, was wir fühlen, und zu verstehen, dass jede Emotion – ob positiv oder negativ – ihren Platz hat und uns als Menschen reicher macht. Lass uns also echte, authentische Positivität pflegen, die es uns erlaubt, unser vollständiges emotionales Spektrum zu umarmen.

Toxic Positivity steht im direkten Gegensatz zu gesunden Gewohnheiten und Wohlbefinden, da sie die Bedeutung der emotionalen Authentizität und des Akzeptierens aller Gefühle untergräbt. Wenn wir nur positive Gefühle zulassen, lassen wir im weiteren Sinne auch nur positive Erfahrungen zu. Für das Zurückfinden zu dir und einer ausgewogenen Ernährung und Gesundheitsvorsorge wird diese Tendenz sehr viel zusätzlichen Druck auf dich ausüben, und du kippst in ein Alles-oder-nichts-Denken.

Gesunde Gewohnheiten umfassen das Akzeptieren und Verarbeiten aller Gefühle, einschließlich der negativen. Dies ermöglicht eine gesunde emotionale Verarbeitung und verhindert, dass Emotionen unterdrückt werden, was langfristig zu psychischen Problemen führen kann. Es bringt dir gar nichts, ein schlechtes Gewissen zu haben, wenn alte Denkmuster durchkommen, wie beispielsweise das Einteilen bestimmter Lebensmittel in »gut« und »schlecht«. Das ist menschlich und es dauert, bis wir unsere Denkweise umprogrammiert haben.

Echtes Wohlbefinden erfordert Authentizität in Bezug auf unsere Gefühle. Das ständige Vortäuschen von Positivität kann zu einer Entfremdung von den eigenen wahren Empfindungen führen und somit das Selbstbewusstsein und die Selbstwahrnehmung beeinträchtigen. Außerdem sind wir anderen ein Vorbild, wenn wir alle Facetten, die in uns vereint sind, zeigen und die eigene Menschlichkeit nicht verstecken. Immer nur »die Starke« oder »den Harten« zu spielen, wird dich auslaugen, sodass du am Ende des Tages nicht ausreichend für dich selbst da sein kannst.

Deine Widerstandsfähigkeit (Resilienz) wird gestärkt, indem du lernst, mit realen Herausforderungen umzugehen, statt sie mit unangemessenem Optimismus zu überspielen. Resilienz ist ein Schlüsselelement des langfristigen Wohlbefindens und beinhaltet die Fähigkeit, sich von Rückschlägen zu erholen. Apropos Rückschläge: Eigentlich darf ich das gar nicht so benennen, denn auf deiner Reise zu Gesundheit und Wohlbefinden gibt es keine Rückschläge, nur mögliche Hindernisse und Herausforderungen, die nicht unüberwindbar sind. Realisiere, dass nicht alles immer rundlaufen kann oder wird. So ist das Leben nun mal! Schau doch einfach in die Natur – alles um uns herum ist ein natürliches Chaos, das sich dann auf seltsame Weise dennoch richtig zusammenfügt! Realismus anstelle von Perfektionismus zu pflegen wird dich entspannter und alle gesundheitsbezogenen Maßnahmen angenehmer machen.

Eine Kultur der Toxic Positivity kann echte emotionale Unterstützung und Empathie untergraben. Wahres Wohlbefinden entsteht in einer Umgebung, in der Menschen sich gegenseitig in allen emotionalen Zuständen unterstützen und verstehen. Aussagen wie »Ach, reiß dich doch zusammen, du musst doch dankbar sein« bringen niemanden weiter, wenn sie auch gut gemeint sind. Wirklich sicher fühlen wir uns nur dann, wenn wir uns eben nicht verstellen müssen.

Effektive Stressbewältigung erfordert, dass wir negative Emotionen nicht ignorieren, sondern sie anerkennen und angemessen damit umzugehen lernen. Dauerhafter Stress kann zu ernsthaften gesundheitlichen Problemen führen und essgestörte Muster verstärken. Daher ist es wichtig, alle Arten von Stress, einschließlich unterdrückter Emotionen, zu respektieren und ernst zu nehmen. Hast du ein schlechtes Gewissen, wenn du dich stressen lässt, oder das Gefühl von Gestresst-Sein als sehr negativ deklariert, kann das erst recht zu emotionalem Essen und Stressessen führen.

Echte Selbstfürsorge beinhaltet die Anerkennung und Pflege der eigenen Bedürfnisse und Emotionen. Toxic Positivity kann Selbstfürsorge behindern, indem sie Menschen davon abhält, ihre wahren Bedürfnisse und Gefühle zu erkennen und darauf zu reagieren. Insgesamt ist es für das Wohlbefinden entscheidend, eine Balance zu finden, die es erlaubt, positiv zu sein, ohne dabei die Komplexität der menschlichen Emotionen zu negieren.

Das schlechte Gewissen loslassen: Wege zur Befreiung

Schlechtes Gewissen und Genuss können einfach nicht koexistieren. Schlechtes Gewissen ist auch kein Zustand, der langfristig motivierend wirkt. Klassische Diäten oder Ideologien, die vor allem online kommuniziert werden, zielen darauf ab, dass du dich schlecht fühlst, und machen dich abhängig vom jeweiligen »Konzept«.

Veränderung beginnt im Kopf. Die ewige Suche nach Kontrolle im Außen löst die Ursachen unserer Unsicherheiten im Inneren nicht. Ein Umdenken ist dafür notwendig.

Wie stellst du es dir vor, langfristig entspannt essen und genießen zu können, wenn du dir eine Zeit lang hast einreden lassen, dass bestimmte Nährstoffe oder Lebensmittel »schlecht« sind? Diäten aller Art lassen dich denken, es sei deine Schuld, wenn du gewisse Dinge nicht durchziehen kannst. Dieses Gedankengut kann dazu führen, dass die Vorstellung, sich intuitiver und entspannter zu ernähren, eher unrealistisch und gruselig erscheint.

Ich beobachte immer wieder, dass sich das schlechte Gewissen sogar dann schon meldet, bevor noch irgendetwas passiert ist. Negative Gedanken sind hier das Futter für Gewohnheiten, die wir eigentlich loslassen möchten.

Das liegt daran, dass wir uns selbst gewisse Dinge nicht zutrauen und schon bevor wir etwas tun oder nicht tun, bereits ein schlechtes Gewissen existiert. Das wiederum führt dazu, dass wir schnell mal in das Alles-oder-nichts-Denken kippen und erst recht nicht das tun, was uns in dem Moment wirklich guttun würde.

Du bist beispielsweise zum Frühstücken eingeladen und es gibt ein Buffet. Du hast dich davor lange dazu gezwungen, auf das Frühstück zu verzichten (im Sinne von Intervallfasten, aber primär, um Kalorien zu sparen), hast es jedoch nach einigen Monaten nicht mehr umsetzen können, da dich abends infolgedessen Heißhungerattacken heimgesucht haben. Nun könnte es das Normalste auf der Welt sein, sich beispielsweise mit Freundinnen zum Frühstück zu treffen und zu genießen. Dein altes Diätgedankengut kategorisiert das Essen vor einer bestimmten Uhrzeit jedoch noch immer als »schlecht«. Die Diätwunden sind noch tief. Durch die große Auswahl an Optionen beim Buffet fühlst du dich obendrein unfähig, »die richtige Wahl« zu treffen. Da du rund um das Essen noch nicht gelernt hast, dich emotional zu regulieren, wenn dich eine Situation bezüglich deines Essverhaltens triggert, kippst du nun in ein »Jetzt ist es eh schon egal«-Mindset und überisst dich (auch an Sachen, die dich eigentlich nicht einmal so sehr angesprochen haben).

Erkennst du dich hier wieder?

Schlechtes Gewissen und negative Gedanken bzw. ein geringes Selbstvertrauen können schwierige Gewohnheiten noch mehr fördern, anstatt sie (zum Positiven) zu verändern. Solange wir uns einreden, wir würden etwas Bestimmtes nicht können, wären nicht gut oder stark genug, sabotieren wir uns in Wahrheit selbst.

Wir alle sind von sozialen und kulturellen Einflüssen geprägt. Die Gesellschaft, die Medien und die sozialen Netzwerke können bestimmte Ernährungsweisen und Lebensstile sowie Erscheinungsbilder als ideal darstellen. Abweichungen von diesen »Idealen« können zu Schuldgefühlen führen, vor allem, wenn dein Umfeld sich auch viel damit beschäftigt und dein Selbstwertgefühl vom Außen abhängig ist. Ein gewisses Gedankengut wird sicher auch von Generation zu Generation weitergegeben – wenn schon die Eltern immer wieder gesagt haben: »Tu oder iss das nicht, sonst …«. Das merken wir uns länger, als du glaubst.

Im Eifer der Motivation setzen wir uns gerne (zu) hoch angesetzte Ziele. »Wenn die das können, dann kann ich das auch!« Wenn du dir selbst übertriebene Erwartungen oder spezifische Ziele, die schwer einzuhalten sind, in Bezug auf deine Ernährung und deinen Lebensstil gesetzt hast, kann das Nichterreichen dieser Ziele zu Schuldgefühlen und schlechtem Gewissen führen. Das wiederum führt oftmals dazu, dass du dich nach der nächsten Lösung aka Diät oder Trainings-Challenge umsiehst.

Weiters machen wir oft den Fehler, uns im Freundeskreis, in der Familie oder mit Bekannten zu vergleichen. Insbesondere dann, wenn diese scheinbar gesündere Lebensstile führen oder gewisse Ergebnisse »schneller und einfacher« erreichen, kann das zu einem Gefühl der Unzulänglichkeit und Schuld führen. Wir übersehen hier total, dass wir alle sehr unterschiedliche Lebensumstände und Bedürfnisse haben – auch wenn uns das eigentlich bewusst ist. Oftmals machen wir ja auch eine gewisse Diät oder Ähnliches, weil es eine Person aus unserem Umfeld empfohlen hat.

Eine negative Selbstwahrnehmung und ein geringes Selbstwertgefühl können dazu führen, dass wir uns selbst strenger beurteilen und schneller Schuldgefühle entwickeln. Mit uns selbst gehen wir häufig am härtesten um. Wenn ich meine Stärken nicht sehe oder sehen möchte, weil ich glaube, ich sei das nicht wert, dann wird mein Fokus woanders liegen, siehe auch Negativity Bias. Hier ist ein anschauliches Beispiel:

Stelle dir vor, Lisa ist eine junge Berufstätige, die sich sehr um einen gesunden Lebensstil bemüht. Sie liest viel über Ernährung und Fitness und ist in den sozialen Medien aktiv, wo sie regelmäßig Beiträge über gesunde Ernährung, Fitnessroutinen und »perfekte« Körper sieht. Lisa hat sich selbst hohe Standards gesetzt: Sie möchte jeden Tag frisch und gesund kochen, fünfmal pro Woche Sport treiben und auf Zucker sowie verarbeitete Lebensmittel komplett verzichten.

Eines Abends kommt Lisa spät von der Arbeit nach Hause, müde und gestresst. Anstatt zu kochen, bestellt sie Pizza und verbringt den Abend auf der Couch, anstatt zu trainieren. Während sie isst und sich ausruht, scrollt sie durch soziale Medien und sieht Bilder von Personen, die Inhalte im Bereich Fitness teilen und von gesunden Gerichten. Lisa beginnt, sich schuldig zu fühlen. Sie denkt: »Ich sollte nicht faul sein und Fast Food essen. Ich ruiniere all meine Fortschritte. Andere schaffen es auch, immer gesund zu leben.«

In diesem Beispiel führt Lisas Streben nach Perfektion im Lebensstil zu einem schlechten Gewissen. Sie vergleicht sich mit unrealistischen Standards und idealisierten Darstellungen in sozialen Medien, was zu Gefühlen der Unzulänglichkeit und des Versagens führt, wenn sie diese nicht erreicht. Dieses Beispiel zeigt, wie Perfektionismus, insbesondere in Bezug auf Ernährung und Fitness, zu unnötigem Druck und Schuldgefühlen führen kann.

Frühere Erfahrungen, insbesondere wenn sie mit negativen Gefühlen oder Misserfolgen in Bezug auf Ernährung und Gesundheit verbunden waren, können ein schlechtes Gewissen noch zusätzlich verstärken. Wir werden von Erinnerungen getriggert, die uns in alte Muster zurückwerfen können – die wiederum ein schlechtes Gewissen hervorbringen. Hier geht es darum, negative Erfahrungen ordentlich aufzuarbeiten und loszulassen!

Der *erste Schritt* in die richtige Richtung besteht darin, verstehen und akzeptieren zu lernen, was deine (hinderlichen) Glaubenssätze sind. Wenn du erkannt hast, wo dein schlechtes Gewissen seinen Ursprung hat, kannst du es besser verstehen. Hier sind Akzeptanz und Vergeben wesentlich.

Wir können das Vergangene nicht verändern, aber wir dürfen daraus lernen und beschließen, dass es nicht mehr so sein soll. Wir sind Menschen und machen Fehler. Herausforderungen sind dafür da, dass wir an ihnen wachsen. Es bringt niemandem etwas, an den falschen Gefühlen festzuhalten. Versuche, die Ursachen und Themen aus einer anderen Perspektive zu betrachten: Welche zugrunde liegenden Gefühle herrschen hier vor? Ist das schlechte Gewissen wirklich verhältnismäßig?

Schritt zwei bedeutet, Verantwortung zu übernehmen und loszulassen, um die negative Gedankenspirale zu beenden oder herauszufordern. An dieser Stelle empfinde ich persönlich es immer als sehr wertvoll, wenn du die Gedanken und Schuldgefühle mit jemandem teilen kannst. Im eigenen Kopf wirkt alles sehr viel dramatischer und schlimmer, als es dann wirklich ist. Diese andere Perspektive hilft dir, für die Denkweise neue Wege und Lösungen zu finden, die vorher nicht da waren.

Im *dritten Schritt* müssen wir nun Maßnahmen ergreifen. Es braucht aktives Handeln, um die Ursachen anzugehen und die »eigene Geschichte neu zu schreiben«. Hierbei ist es wichtig, aus den vergangenen Erfahrungen zu lernen und die Erwartungshaltung an die Realität anzupassen. Wenn du dir beispielsweise vorgenommen hast, fünfmal in der Woche für 60 Minuten Sport zu betreiben, könnte es ein angepasstes Ziel sein, dir für den Anfang dreimal 45 Minuten vorzunehmen. Du hast jederzeit die Möglichkeit, deine Ziele anzupassen. Das rate ich dir auch, denn jede Woche birgt andere Herausforderungen und Kapazitäten.

Schritt vier besteht schließlich aus positiven Selbstgesprächen und Selbstfürsorge. Es wird nicht immer rundlaufen, so spielt sich das Leben einfach nicht ab. Daher ist es gut, fixe Rituale oder Routinen zu haben, die dich aus der negativen Gedankenspirale rausholen können.

Selfcare-Rituale können alles Mögliche umfassen: Telefonate mit einer Bezugsperson, Bewegung und Zeit an der frischen Luft, Tagebuch schreiben, eine Dankbarkeitsliste schreiben und laut (!) aussprechen, etwas Gesundes kochen, in ein Kissen schreien, Tee kochen und Kerzen anzünden ... Was auch immer sich für dich authentisch anfühlt. Du kannst es dir auch zur Gewohnheit machen, jedes Mal, wenn negative Gedanken hochkommen, diese mit einem Kontrast zu behandeln. Das heißt, du suchst aktiv nach positiven Aspekten in deinem Leben oder an einem spezifischen Tag, ganz egal ob es direkt mit der Ernährung und dem Training zu tun hat oder nicht. Selfcare-Rituale können dir helfen, deine Gefühle zu regulieren, anstatt sie zu unterdrücken. Statt des klassischen Griffs in die Naschlade kann es eine Tasse Tee mit einem Stückchen Schokolade sein, gepaart mit fünf Minuten bewusster Atmung oder Meditation. Es braucht oft nur ein paar Minuten, um sich aus dem »negativen Film« rauszuholen – und im Zweifelsfall kann das offene Ohr einer Freundin oder eines Freundes herhalten.

Der Vergleich mit anderen: eine gefährliche Falle

»Comparison is the thief of joy«, sagte einst der große Theodore Roosevelt.

Das Ausblenden von Vergleichen aus dem eigenen Denken kann eine echte Herausforderung sein, da der menschliche Geist von Natur aus dazu neigt, Ähnlichkeiten zu suchen. Solange wir uns aber ständig mit anderen vergleichen, hemmen wir unsere persönlichen Fortschritte und unsere eigene Entwicklung. Vergleiche ignorieren unsere individuellen Unterschiede und die Tatsache, dass jeder Mensch seinen eigenen und einzigartigen Weg hat. Das ständige Suchen von Parallelen kann zu Neid, Unzufriedenheit und einem geringen Selbstwertgefühl führen. Wenn wir ständig mit anderen konkurrieren, verlieren wir leicht den Blick für das, was im eigenen Leben wirklich wichtig und wertvoll ist.

Du bist einzigartig. Deine Bedürfnisse sind einzigartig. Deine Fähigkeiten und Talente sind einzigartig – und ja, du hast jede Menge davon!

Wie kann ich mich vom Vergleichen entkoppeln? Wie höre ich auf, meine Ernährung, meine Bewegungsgewohnheiten oder Routinen an anderen zu messen? Hier sind ein paar Schritte und Strategien, die dir helfen können, dich davon loszulösen.

Schütze dich vor Quellen, die diesen Prozess verstärken. Wer oder was löst diese Vergleiche aus? In der Regel ist es das direkte Umfeld oder es sind Social Media. Bitte *verwende die sozialen Medien achtsam und bewusst.* Sei dir darüber klar, dass hier nur kleine Anteile gezeigt werden und der Großteil an Inhalten kuratiert ist. Folge nur Seiten, die dich inspirieren – lösche, wenn notwendig, all die, die dir nicht guttun.

Stärke dein Selbstbewusstsein. Bevor du deine Ziele und Visionen neu definierst, sei dir bewusst, was du schon alles erreicht hast. Hier hilft eine Dankbarkeitsliste – ich lese sie mir gerne laut vor, denn dann fühle ich sie erst richtig. Mit dem Gefühl der Dankbarkeit fällt es leichter, hoffnungsvoll und enthusiastisch in die Zukunft zu blicken. Versuche in diesem Zustand, deine eigenen Ziele und Bestrebungen neu abzustecken. Mir hilft hier immer ein Vision Board. Dies hilft, den Fokus von anderen weg und auf die eigene Entwicklung zu lenken.

Wenn du dich dabei ertappst, dass du dich vergleichst, versuche, deine Gedanken bewusst herauszufordern. *Ersetze negative Vergleiche durch positive Affirmationen* über dich selbst. Das fühlt sich beim ersten oder zweiten Mal vielleicht albern an, aber glaub mir, es funktioniert. Affirmationen sind positive, ermutigende Sätze, die du zu dir selbst sagst, um dein Selbstvertrauen zu stärken und eine positive Denkweise zu fördern. Sie basieren auf der Idee, dass wiederholtes positives Denken helfen kann, die Art und Weise zu ändern, wie wir über uns selbst und das Leben denken. Affirmationen können dabei helfen, negative Gedanken oder Glaubenssätze zu überwinden. Hier ein einfaches Beispiel: Wenn du dich oft unsicher fühlst, könntest du täglich zu dir selbst sagen: »Ich bin kompetent und fähig, Herausforderungen zu meistern.« Affirmationen sind also wie mentale Übungen oder Selbstgespräche, die dazu beitragen können, deine Stimmung zu heben und dein Selbstvertrauen zu stärken.

Es liegt in der menschlichen Natur, uns mit anderen zu vergleichen. Wenn es aber zu einer negativen Gedankenspirale wird und wir uns dadurch nur hemmen und selbst sabotieren, ist es wichtig, etwas zu ändern oder uns Hilfe zu holen. Wenn die Person, mit der du dich ständig vergleichst, in deinem engeren Umfeld ist, würde ich dir empfehlen, mit dieser Person ein offenes und interessiertes Gespräch zu suchen und dein Dilemma anzusprechen. Vielleicht ergibt sich dadurch eine gemeinsam erarbeitete Lösung für deine Bestrebungen, ohne dir krampfhaft etwas abschauen zu müssen.

Es ist wichtig zu verstehen, dass jeder Körper einzigartig ist und auf unterschiedliche Weisen auf Ernährung und Lebensstil reagiert. Abgesehen davon kriegen wir ja nicht 24/7 mit, was die andere Person sonst wirklich macht, oder? Nun, es gibt diverse Faktoren, die wir bedenken müssen. Einige Menschen haben einen schnelleren Stoffwechsel, der es ihnen ermöglicht, mehr zu essen, ohne zuzunehmen. Andere reagieren auf gewisse Nährstoffe empfindlicher und haben einen langsameren Stoffwechsel, der auch einen medizinischen Hintergrund haben könnte, wie etwa eine Schilddrüsenunterfunktion. Auch wenn du nicht bemerkst, dass deine Schwester sich viel bewegt, könnte sie dennoch aktiver sein, als du denkst. Selbst kleine Aktivitäten oder Unterschiede in der täglichen Bewegung können einen Einfluss auf das Gewicht haben. Auch unbewusste Bewegung, wie Zappeln oder ständiges Wippen mit den Beinen, kann viel ausmachen. Vielleicht isst deine Schwester (oder wer auch immer hier infrage kommt) in Summe deutlich weniger, als du mitkriegst? Vielleicht hat sie eine höhere oder niedrigere Mahlzeitenfrequenz? Eventuell kann es auch sein, dass sie gar nicht so viel mehr Junk Food isst, du es aber am Schirm hast, weil es dich beschäftigt? Menschen, die bewusst Ungesundes in Maßen essen, haben kein Verzichtsdenken und leiden weniger unter Essattacken (aufgrund von Diäthalten und Verzicht) – dazu komme ich aber später noch im Detail. Auch Stress, Schlafgewohnheiten, Medikamente und individuelle Verdauungsprozesse können einen maßgeblichen Unterschied machen, also womit vergleichen wir uns hier wirklich?

Wenn dich dieses Thema so beschäftigt – wie wäre es denn, ein offenes und ehrliches Gespräch zu suchen? Vielleicht brauchst du den ein oder anderen Einblick, um dieses Thema loszulassen? Und außerdem: Es ist nicht erstrebenswert, möglichst viel Junk Food und Schokolade ohne »Konsequenzen« essen zu können. Unser Körper hat viel komplexere Bedürfnisse als nur eine optimale Kalorienbilanz. Also sollten wir so ein Verhalten auch nicht auf ein Podest heben, denn Gesundheit hat keine bestimmte Konfektionsgröße.

Es ist leichter gesagt als getan, dennoch möchte ich nicht verpassen, diesen Satz bei dir zu verankern: *Mach deinen Selbstwert nicht abhängig von deinem Aussehen!* Das Abkoppeln des Selbstwerts vom eigenen Aussehen kann eine Herausforderung sein, insbesondere in einer Gesellschaft, die oft großen Wert auf die äußere Erscheinung legt. Es ist auch, wie schon beschrieben, nicht verwerflich, etwas am eigenen Aussehen verändern zu wollen – denn dein Körper gehört ja dir allein. Schwierig ist es aber, wenn unser Glück davon abhängt, wie wir uns sehen oder gesehen werden möchten. Selbstoptimierung durch Äußerlichkeiten geht nur bis zu einem gewissen Grad gut, zumal der Faktor Alterung auch noch dazukommt. Ich weiß, dass das leichter gesagt ist als getan – aber was könnte hier denn dann die Lösung sein? Hier sind ein paar Übungen, die du gerne für dich umsetzen kannst.

Was sind deine inneren Werte, auf die du stolz bist und die unvergleichbar sind? Erkenne und *schätze deine inneren Qualitäten* und Fähigkeiten. Dazu gehören Charaktereigenschaften wie Freundlichkeit, Intelligenz, Kreativität, Empathie und Stärke. Frage auch Menschen, die dir nahestehen, was sie an dir schätzen. Die Selbstwahrnehmung unterscheidet sich manchmal extrem von der Fremdwahrnehmung.

Du bist, wer du bist – und das ist mehr als genug! Lerne, dich selbst so zu *akzeptieren, wie du bist*. Dies kann bedeuten, dich bewusst von unrealistischen Schönheitsidealen zu distanzieren und dich auf die

Aspekte zu konzentrieren, die du an dir selbst magst. Du wirst als Unikat geboren, willst du als Kopie sterben?

Wie soll sich dein Umfeld für dich anfühlen? Umgib dich mit Menschen, die dich für deine Persönlichkeit und nicht für dein Aussehen schätzen. Eine unterstützende Umgebung kann dein Selbstwertgefühl erheblich steigern. Wie wählst du Menschen in deinem inneren Kreis aus? Wählst du deinen Freundeskreis wegen des Aussehens aus? Ich denke nicht, oder?

Ich klinge wie eine kaputte Schallplatte, aber ich sage es noch mal: Zeige *Dankbarkeit* und unterstütze dich mit *positiven Affirmationen*. Bitte unterschätze das nicht. Was sind deine Hobbys und Talente? Fördere Aktivitäten, die nichts mit deinem Aussehen zu tun haben, aber dir Freude bereiten und deine Fähigkeiten und positiven Charaktereigenschaften hervorheben.

Maßnahmen, die zu einer nachhaltigen Veränderung führen sollen, sollten so gestaltet sein, dass sie dir nicht schaden. Sie sollten ihre Basis in der Selbstliebe und -akzeptanz haben. Sie sollten dich, dein Leben, deinen wunderbaren, starken und ausdauernden Körper unterstützen und ehren, anstatt ihn auszunutzen oder kleinzumachen.

Balance im Alltag: Familie, Job und gesunde Gewohnheiten

In diesem Kapitel möchte ich klassische Szenarien aus dem Alltag skizzieren und Lösungen für gängige Herausforderungen anbieten. Unser soziales Umfeld, unser Job und der immer fordernde Terminkalender können einen richtig aus der Ruhe bringen und gesunde Gewohnheiten in Gefahr bringen bzw. als unmöglich aussehen lassen.

Es heißt zwar immer: »Wir haben alle dieselben 24 Stunden«, aber wer auch immer diese eindimensionale Aussage getätigt hat, ist entweder überprivilegiert oder lebt auf einem anderen Planeten.

Grundsätzlich stimmt der Spruch zwar, da jeder Tag für jeden Menschen gleich lang ist, aber er berücksichtigt nicht die enormen Unterschiede in den Lebensumständen einzelner Personen.

Nicht jede und jeder hat die gleiche Menge an freier Zeit innerhalb dieser 24 Stunden. Menschen mit umfangreichen familiären oder beruflichen Verpflichtungen, wie Alleinerziehende oder Personen, die mehrere Jobs haben, haben weniger freie Zeit als andere. Die Verfügbarkeit von Ressourcen wie Geld, Unterstützung durch Familie oder dem Freundeskreis, Zugang zu Bildung und Gesundheitsversorgung beeinflusst stark, wie produktiv wir unsere Zeit nutzen können. Weiters können Personen mit gesundheitlichen Problemen oder Behinderungen möglicherweise mehr Zeit für alltägliche Aufgaben benötigen oder können nicht die gleiche Menge an Energie aufbringen wie Menschen ohne diese Einschränkungen. Stress, Angstzustände, Depressionen und andere psychische Erkrankungen können darüber hinaus die Fähigkeit einer Person, ihre Zeit effektiv zu nutzen, stark beeinträchtigen. Menschen aus ärmeren Verhältnissen haben oft weniger Kontrolle über ihre Zeit, da sie sich überdurchschnittlich lange mit der Befriedigung ihrer Grundbedürfnisse auseinandersetzen müssen, während reichere Personen Zugang zu Dienstleistungen und Unterstützung haben, die ihnen Zeit sparen. Und schließlich kann auch der Wohnort beeinflussen, wie viel Zeit jemand für Arbeitswege, Zugang zu Dienstleistungen und zu anderen täglichen Aktivitäten aufwenden muss.

Welche Lösungen könnten wir parat haben, um diese Komplexität nicht zu ignorieren, sondern zu integrieren? Das ist zweifellos eine Herausforderung, aber mit ein paar achtsamen Strategien und einer guten Organisation kann es uns sehr wohl gelingen.

Zuerst musst du den Drang nach Perfektionismus ablegen und mein Kapitel über das Vergleichen noch mal durchlesen. Mit dem Streben nach dem Optimum werden wir immer das Gefühl haben, irgendwas sei noch nicht genug. Wer sagt denn, dass ein bisschen gesundes Chaos und Unberechenbarkeit nicht sein dürfen?

Arbeite mit und an deinem Status quo! Hierbei können dir mein »Selbstbewusst gesund«-Journal und mein Lifestyle-Protokoll helfen.

Zuerst musst du dir darüber bewusst werden, wo du aktuell wirklich stehst. Oftmals vergessen oder ignorieren wir all die Dinge, die bereits wunderbar laufen und schon bestehen. Finde heraus, was tatsächlich dein »Durchschnitt« im aktuellen Lebensabschnitt ist. Wenn du beispielsweise deine Alltagsbewegung steigern möchtest, könntest du herausfinden, wie viele Schritte du im Schnitt gehst. Nehmen wir mal an, es sind 5.000 Schritte pro Tag. Jetzt könntest du, davon ausgehend, ein neues, realistisches Ziel formulieren wie: »Ich werde täglich 6.000 Schritte gehen, indem ich mein Auto etwas weiter weg von der Arbeit parke, damit ich zehn Minuten hin und zurück extra gehen darf.«

An dieser Stelle empfehle ich dir das Buch »Die 1%-Methode« von James Clear. Mir haben seine Ansätze die Augen geöffnet und sie haben meine gewählten Routinen und Verbesserungen maßgeblich positiv beeinflusst.

Versuche, klare *Prioritäten* zu setzen. Was ist dir wirklich wichtig, was könnte delegiert werden und wovon bildest du dir vielleicht nur ein, dass es wichtig sei? Nicht alles ist gleichermaßen dringend oder braucht dieselbe zeitliche Investition. Je nach Lebensphase kannst du dich immer wieder auf unterschiedliche Bereiche mehr oder weniger fokussieren.

Qualität statt Quantität! Ein Training zählt nicht erst dann, wenn es über 45 Minuten dauert. Eine gesunde Ernährung bedeutet nicht, 24/7 auf gewisse Dinge zu verzichten. Die Zeit mit Familie und Partner oder Partnerin sollte achtsam und hochwertig sein, anstatt eine gewisse zeitliche Dauer zu umspannen. Nimm dir den Druck und versuche, im Jetzt zu sein, wenn du einer Tätigkeit nachgehst, egal wie viel Zeit dafür bleibt.

Bleibe in deiner Sportroutine flexibel. Wähle Sportarten oder Übungen, die in deinen Zeitplan passen und die du zu Hause oder in der Nähe deines Arbeitsplatzes ausführen kannst. Kurze, aber regelmäßige Trainingseinheiten können sehr effektiv sein. Wenn du mal nur fünf Minuten hast, dann sind es eben fünf Minuten, die du deinem Körper und Wohlbefinden schenkst. Mir hilft es, Trainingseinheiten als Termine wahrzunehmen und sie entsprechend in den Kalender einzutragen. Wenn ich mein Gehirn komplett abgeben möchte, buche ich mich über Onlineanbieter direkt in Gruppenkurse ein, sodass die Entscheidung fix ist. Sport kann auch als Familienzeit genutzt werden, dann haben alle etwas davon. Am wesentlichsten ist jedoch, dass deine Erwartungshaltung passt und dass dir schon vorab bewusst ist, dass du nicht jeden Tag, jede Woche immer dieselbe sportliche Leistung und Frequenz durchziehen und abrufen kannst. Und manchmal darf auch »nur« die Alltagsbewegung ausreichen, um zufrieden zu sein.

Wenn du viel am Schirm hast, ist es außerdem besonders wichtig, gewisse Dinge möglichst einfach zu halten. Bei der Ernährung kann es helfen, für zwei bis drei Tage im Voraus zu planen und einzukaufen. Vorkochen aka Meal Prep kann dir zusätzlich Stress nehmen. Das heißt, du kochst bzw. bereitest ein bis drei Gerichte gleichzeitig vor und kannst dafür die nächsten Tage entspannt genießen. Hierbei könnte dir meine Onlinerezeptsammlung auch passende Ideen liefern.

Hier geht's zu meiner Rezeptsammlung

Süße Mahlzeit

BANANEN PANCAKES

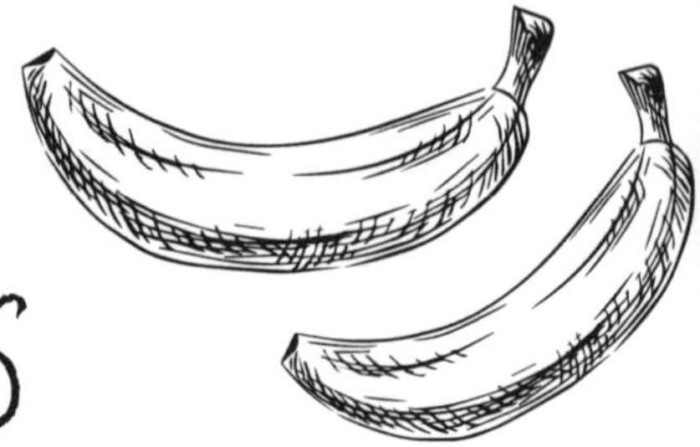

Zutaten:

1 reife Banane
120 ml Pflanzenmilch (z. B. Mandel-, Soja- oder Hafermilch)
75 g Vollkornmehl (du kannst auch glutenfreies Mehl verwenden)
30 g veganes Proteinpulver
1 TL Backpulver
½ TL Zimt (optional, für zusätzlichen Geschmack)
1 Prise Salz
Etwas Vanilleextrakt (optional)
Pflanzenöl oder Kokosöl zum Braten

Zubereitung:

1) *Banane zerdrücken:* Die Banane in einer großen Schüssel mit einer Gabel fein zerdrücken. Trockene Zutaten mischen: In einer anderen Schüssel das Mehl, das Proteinpulver, Backpulver, Zimt und Salz gut vermischen.

2) *Zutaten kombinieren:* Die trockenen Zutaten zu der zerdrückten Banane geben. Die Pflanzenmilch und Vanilleextrakt hinzufügen und alles gut verrühren, bis ein gleichmäßiger Teig entsteht.

3) *Backen:* Eine Pfanne bei mittlerer Hitze erwärmen und etwas Öl hinzufügen. Sobald das Öl heiß ist, je etwa ¼ Tasse des Teigs für einen Pancake verwenden. Den Pancake von jeder Seite 2-3 Minuten goldbraun backen, oder bis die Oberfläche Blasen wirft und der Rand fest aussieht.

Toppings:

Joghurt/Beeren/Granola/geschmolzene Schokolade

Du kannst aber auch damit anfangen, mal nur Teile der Mahlzeiten vorzubereiten – egal was, jeder Schritt, der deinem Zukunfts-Ich unter die Arme greift, lohnt sich und reduziert den Stress. Planung braucht natürlich Disziplin, aber wie wir nun schon wissen, lohnt sie sich viel mehr, als stur in der Komfortzone zu verharren. Mein Lifestyle-Protokoll hilft ebenso dabei, auf einen Blick zu sehen, worin etwas mehr Aufmerksamkeit investiert werden könnte. Wenn du beispielsweise bemerkst, dass dein Frühstück eher eiweißarm ausfällt und du infolgedessen am Nachmittag Heißhunger bekommst, könntest du dir vornehmen, zwei bis drei Mal pro Woche eine Eiweißquelle zum Frühstück einzubauen. Dafür musst du nicht alles auf den Kopf stellen, aber diese Kleinigkeiten werden sich bemerkbar machen. Wenn das dann mal sitzt und zur Routine geworden ist, kannst du einen weiteren Schritt hinzufügen, wie zum Beispiel häufiger zum Obst zu greifen, anstatt immer nur verarbeitete Süßwaren zu essen. So verzichtest du nicht, versorgst deinen Körper aber trotzdem mit mehr Vielfalt.

Routinen geben uns Halt und sorgen für mehr Selbstbewusstsein. Du nimmst dir dadurch bewusst Zeit für dich und zeigst dir selbst, dass du dich auf dich selbst verlassen kannst. Wenn es um die Familie und Kinder geht, geben Routinen und Grenzen Sicherheit. Außerdem haben wir mehr Entscheidungskraft für die wesentlichen Dinge, da unsere Alltagsroutinen uns Stress und Kraftaufwand abnehmen. Das ist genau der Grund, warum »erfolgreiche« bzw. anscheinend disziplinierte und organisierte Menschen sehr vereinfachte Arbeitsabläufe haben, um sich ihre Entscheidungskraft für andere Sachen aufzusparen. So werden beispielsweise immer ähnliche Outfits getragen, die am Vorabend bereitgelegt werden; das Frühstück wird am Vorabend zubereitet und wartet am Morgen bereits im Kühlschrank; gewisse Aufgaben haben fest vorgeplante Zeitfenster, sodass die Zeit ideal genutzt werden kann. Du hast mit diesen einfachen Abläufen mehr Fokus und Willenskraft übrig. Die Qualität deiner Routinen bestimmt deine unmittelbare und langfristige Zukunft.

Hand aufs Herz – wie gut nutzen wir unsere Zeit wirklich? Wie oft lassen wir uns von TV und Social Media ablenken, obwohl wir etwas anderes machen sollten? Bitte nicht falsch verstehen, einfach mal nichts zu tun und zu relaxen, ist ein wichtiger Faktor für unser Wohlbefinden. Nichtstun ist essenziell und nicht zu verurteilen. Wie oft vergeuden wir aber Zeit, um uns vor unangenehmen oder lästigen Dingen zu drücken? Stattdessen könntest du gerade in dieser Zeit vielleicht fünf oder zehn Minuten nutzen, um etwas für dich zu tun. Das kann ein kleiner gesunder Snack sein, etwas Meditation, ein paar Minuten Stretching (das ist sehr unterschätzt) etc. Wenn du dir bei der Planung und beim Zeitmanagement schwertust, dann können diverse Planungs-Apps und Kalender helfen, um deinen Tag zu strukturieren. Hier ist aber auch Vorsicht geboten: Nimm dir wieder nicht zu viel vor und takte alles nicht zu streng durch. Wie auch bei der Trainingsplanung ist es wichtig, flexibel zu bleiben.

Ganz wesentlich ist es, deine Bedürfnisse und Wünsche auch mit den Menschen zu teilen, die Teil deines Lebens sind – mehr dazu im nächsten Punkt.

Mental Load: Wie entkomme ich der Belastungsfalle?

»Mental Load« bezieht sich auf die unsichtbare geistige und emotionale Arbeit, die mit dem Organisieren, Planen, Koordinieren und Verwalten des täglichen Lebens und der Bedürfnisse anderer verbunden ist. Das wird oft nicht als tatsächliche Arbeit anerkannt, weil sie nicht physisch sichtbar ist und in der Regel keine direkte finanzielle Belohnung mit sich bringt.

Mental Load umfasst die Aspekte *Haushaltsmanagement* (dazu gehören Aufgaben wie das Planen von Mahlzeiten, das Einkaufen, das Organisieren von Haushaltsreparaturen oder das Verwalten des Familienbudgets), *Beziehungsarbeit* (die emotionale Unterstützung und Pflege von Beziehungen, das Planen von Familienereignissen oder das Einhalten von wichtigen innerfamiliären Terminen),

Elternschaftsverantwortung (umfasst alles von der Überwachung der schulischen Leistungen und Aktivitäten der Kinder bis hin zur Planung von Arztbesuchen und der Sicherstellung, dass die Kinder emotional und sozial gut versorgt sind), *Arbeitsorganisation* (dies kann u. a. die Koordination und Planung von Aufgaben am Arbeitsplatz bedeuten, die oft neben den offiziellen Arbeitsaufgaben erledigt werden) und *Informationsverwaltung* (das Sammeln, Verarbeiten und Erinnern von Informationen, die für das reibungslose Funktionieren des Alltagslebens notwendig sind).

Mental Load ist oft unausgeglichen und lastet in heterosexuellen Beziehungen häufiger auf Frauen. Dies kann zu Stress, Erschöpfung und einem Gefühl der Überforderung führen, da die Person, die diese Mental Load trägt, ständig in einem Zustand des Planens, Denkens und Sorgens ist.

Wenn du das Gefühl hast, dass (zu) vieles an dir hängen bleibt und du dadurch auf der Strecke bleibst, kann ich dir diese drei sehr wichtigen Aspekte nur ans Herz legen:

* *Kommuniziere deine Bedürfnisse* und Grenzen, bevor es zu spät ist. Wir dürfen nicht davon ausgehen, dass andere Menschen unsere Grenzen erfühlen können. Ich weiß, dass wir oft Angst vor den Konsequenzen haben, wenn wir aussprechen, was wir wirklich brauchen. Aber was ist die Konsequenz, wenn deine eigenen Bedürfnisse nicht gesehen werden? Lerne, Nein zu sagen, wenn es zu viel wird. Andere Menschen tun das auch. Solange du fair bleibst und nicht übergriffig wirst, gibt es keinen Grund für ein schlechtes Gewissen. Du kannst ja bei Kleinigkeiten anfangen und üben, mit der Zeit wirst du mutiger werden.
* *Höre auf, alles selber machen zu müssen* – versuche, Aufgaben im Haushalt und Familienalltag zu delegieren und fairer aufzuteilen, auch wenn du dir manchmal denkst: »Das mach ich aber besser oder schneller.« Das wird dich entlasten, sodass du mehr Zeit und Energie für dich selbst hast.
* *Kümmere dich um deine Selbstfürsorge!* Du kannst nicht für andere da sein, wenn dein Akku leer ist. Für eine gewisse Zeit geht das

zwar, wir können richtig zäh sein und viel aushalten, aber wie soll ich anderen dienen, wenn ich irgendwann für eine längere Zeit ausfalle, weil ich ausgebrannt bin? Selbstfürsorge kann für jeden Menschen anders aussehen, also finde für dich heraus, was dir innere Ruhe und Kraft gibt. Sich selbst Zeit zu widmen und abzuschalten, ist nicht egoistisch, es ist eine Notwendigkeit, um gesund, leistungsfähig und glücklich zu bleiben.

Stressmanagement: den Druck bewältigen

Stress gehört zu den Hauptgründen, die mir meine Kundschaft kommuniziert, wenn es um Blockaden in ihrem Lebensstil geht. »Ich kann dieses nicht umsetzen, weil mich jenes stresst.« Lang anhaltender, chronischer Stress kann zu diversen negativen Auswirkungen führen: zu körperlichen Gesundheitsproblemen wie Herz-Kreislauf-Erkrankungen, zur Schwächung des Immunsystems und zu Verdauungsproblemen; zu psychischen und emotionalen Beschwerden wie Angststörungen und Depressionen, zu Reizbarkeit und mangelnder Motivation und Konzentration; zu Gewichtsproblemen durch Appetitverlust oder Essanfällen; Schlafstörungen; Hautproblemen; verminderter Fruchtbarkeit und Menstruationsbeschwerden bei Frauen sowie sexueller Dysfunktion bei Männern; zu kognitiven Beeinträchtigungen wie Konzentrationsschwäche und Gedächtnisverlust; Verhaltensveränderungen, die zu einem erhöhten Suchtrisiko führen können (Alkohol und Drogen), sowie Reizbarkeit oder sozialem Rückzug.

Da soll mir noch einer sagen, dass Stress zu unserem modernen Leben einfach dazugehört … Wenn wir uns diese Auflistung ansehen, sollte uns klar werden, dass unsere Leistungsgesellschaft nicht nachhaltig ist und dass diese (durch Social Media) verherrlichte »Hustle Culture« eine Einbahnstraße ist.

Um dich aus diesem Strudel zu befreien, ist es in erster Linie einmal wertvoll, zu erkennen, was bei dir in deinem Leben zu wiederkehrenden stressigen Situationen führt – ob innerlich oder aufgrund von äußeren Umständen. Schreibe mal auf: Was stresst dich genau?

Stresst dich dein Job? Deine Beziehungen? Hast du ein ausbaufähiges Zeitmanagement? Stressen dich deine Ziele und deine Erwartungshaltung? Hast du Sorge, nicht genug zu sein?

Als Nächstes frage dich, weshalb es überhaupt zu diesem Stress kommt. Nimmst du dir zu viel vor? Nimmst du ungern Hilfe an? Setzt du für dich in deinem Umfeld keine oder erst zu spät Grenzen? Hast du Probleme damit, zu priorisieren, und kriegst du die Planung zeitlich nicht so gut gebacken? Was sind die Ursachen von deinem Stress – die müssen wir kennen, sonst können wir ihn nicht nachhaltig lösen.

Dann darfst du dir die Frage stellen, was dir bisher geholfen hat, wenn du dich gestresst gefühlt hast. Wann, glaubst du, konntest du Stress besonders gut abbauen? Was hast du da gemacht?

Wenn du weißt, welche Knöpfe bei dir zu drücken sind, dann ist es eine Frage der Umsetzung dieser erfolgreichen Mechanismen. Dafür darfst du dir entsprechend Zeit nehmen. Es kann auch sein, dass die eine Form von Stress mit gewissen Aktivitäten bewältigbar ist, andere Situationen wiederum andere Maßnahmen brauchen.

Hier sind ein paar bewährte Möglichkeiten, Stress zu reduzieren:

* *Entspannungstechniken:* Methoden wie Meditation, Atemübungen (tiefes Atmen), Yoga oder progressive Muskelentspannung können dabei helfen, den Körper zu entspannen und den Geist zu beruhigen.
* *Körperliche Aktivität:* Regelmäßige Bewegung ist bekannt dafür, Stress abzubauen und das allgemeine Wohlbefinden zu verbessern. Je nach Emotion, die an deinen Stress gekoppelt ist, können unterschiedliche Sportarten angebracht sein. Mir helfen der Kampfsport und das Boxen enorm, um Frust oder Wut abzubauen. Wenn ich hingegen auf der Suche nach neuen Perspektiven bin oder eine innere Unruhe besänftigen möchte, inspirieren mich lange Spaziergänge in der Natur.

* *Soziale Unterstützung:* Der Austausch mit Freunden und Freundinnen, Familie oder Kollegschaft kann eine wichtige Ressource im Umgang mit Stress sein. Ich war schon immer ein offenes Buch für Personen, die mir nahe stehen, und konnte durch das ungefilterte Reden schon richtig traumatische Erlebnisse wie den plötzlichen Tod meiner Mutter besser verkraften.
* *Professionelle Hilfe:* In manchen Fällen kann es hilfreich sein, professionelle Unterstützung durch eine Psychologin oder einen Therapeuten in Anspruch zu nehmen. Eine pragmatische Sichtweise kann sehr förderlich sein!

Wichtig ist es, Stress grundsätzlich an der Ursache zu packen, damit er in Summe weniger wird. Stressbewältigung und Resilienz aufzubauen, ist super, aber wenn dein Leben in Summe entspannter sein könnte, wäre das doch ganz fein.

Wie steht es um dein Zeitmanagement? Wo könntest du etwas besser organisiert sein? Effektives Planen, Priorisieren und die Übersicht über Termine und Deadlines zu haben, kann helfen, Überlastung und Zeitdruck zu reduzieren oder sogar komplett zu vermeiden. Ich verwende gerne Erinnerungen im Onlinekalender und habe es mir morgens und abends zur Gewohnheit gemacht, neben dem Tagebuchschreiben, die Termine und To-dos für den nächsten Tag zu überprüfen, um bei Bedarf Veränderungen vorzunehmen.

Kann es sein, dass du dir zu viel vornimmst? Kann es sein, dass du versuchst, die Erwartungen anderer zu erfüllen und dabei auf deine eigenen Bedürfnisse nicht ausreichend achten kannst? Wenn wir zu hohe Erwartungen an uns haben, machen wir es uns automatisch schwer, gewisse Dinge dann auch zu erfüllen – was uns natürlich wieder stresst. Wenn du nicht mithalten kannst, liegt das häufig nicht daran, dass du schwach oder inkompetent bist, sondern lediglich daran, dass deine Erwartungen und Ziele zu hoch angesetzt sind. Setze sie herunter, erfülle sie so leichter und genieße dadurch mehr Motivation und Selbstvertrauen. Ziele herunterzuschrauben ist keine Schwäche, sondern richtig smart.

Setze deine *Ziele mit AROMA,* um Frustration und noch mehr Stress zu vermeiden. Bei dieser Methode sollten Ziele *a*ttraktiv und *a*ktiv, *r*ealistisch, *o*ptimistisch, *m*essbar und *a*kzeptabel bzw. *a*nnehmbar sein. Wenn du dir schwertust, Bewegung in den Alltag einzubauen, dann wäre das ein passender Ansatz: »Ich werde montags und freitags direkt nach der Arbeit 30 Minuten walken gehen und am Vortag schon meine Walking-Ausrüstung bereitlegen.« Was für dich persönlich realistisch und attraktiv ist, musst du selbst entscheiden. Probiere es doch aus und versuche hier, ein Ziel mit AROMA zu formulieren:

Um ein gesundes Stressmanagement zu erreichen, musst du erkennen, was die Ursachen für deinen Stress sind, du musst dir weiters Bewältigungsstrategien zurechtlegen, die Priorität für deinen Alltag haben, und du musst deine Erwartungshaltung anpassen. Vergiss dabei nie, dass es immer eine Option ist, um Hilfe zu bitten.

Stark bleiben bei ungebetenen Ratschlägen und Kritik

Uns wird leider von klein auf oft beigebracht, uns unterzuordnen und keinen Streit zu provozieren, auch wenn wir unfair behandelt werden. Das zieht sich bis ins Erwachsenenalter – vielleicht kennst du die ungefragten Ratschläge oder oberflächlichen Kommentare am Esstisch oder bei Familienfeiern. Unangenehm. Familie ist zwar Familie, und die können wir uns nicht aussuchen, dennoch dürfen wir uns nicht alles gefallen lassen, wenn es unser eigenes Wohlbefinden belastet. Es ist dein gutes Recht, dich um dein Wohlbefinden und deine Gesundheit/Fitness zu kümmern, ganz egal, wie die Meinung anderer aussieht – auch wenn es sich hier um Verwandte handelt.

Negative Kommentare anderer sagen mehr über die Person aus, die sie macht, als über dich selbst. Wenn wir mit uns im Reinen sind, haben wir auch nicht das Bedürfnis, andere für ihre Bemühungen herunterzumachen. Wenn dich jemand dafür kritisiert, dass du etwas für deine Gesundheit optimieren möchtest, dann hat das seinen Ursprung im Neid und der Frustration, selbst nicht motiviert oder einsichtig genug zu sein, Gutes für sich zu tun. Wenn es jemand anderem nämlich plötzlich besser geht, könnte das ja die eigene Wertigkeit untergraben (was natürlich nicht stimmt, aber so denken unreflektierte Personen leider).

Kommuniziere klar und bestimmt, dass Kommentare über deine Bemühungen nicht willkommen sind. Wenn weiterhin negative Kommentare gemacht werden, kann es hilfreich sein, das Thema zu wechseln oder sich physisch aus der Situation zu entfernen. Grenzen zu setzen und offene, ehrliche und authentische Kommunikation, ohne Angriff oder Beleidigungen, ist das A und O. Wenn jemand nicht mit deinen Bedürfnissen klarkommt oder deine Bestrebungen nicht unterstützen möchte, dann hat diese Person ohnehin nichts in deinem inneren Kreis verloren und du darfst dich emotional distanzieren. Leider ist das oft genau das, was dein Gegenüber braucht, um ins Umdenken zu kommen.

Wenn du dich in einer Situation befindest, in der es dir schwerfällt, dich zu beschützen, ist es wichtig, zu lernen, wie du dich emotional regulieren kannst. Das heißt, dass du Mechanismen hast, die helfen, einen ruhigen und klaren Kopf zu bewahren, ohne auf Provokationen eingehen zu müssen. Tiefe Atemzüge durch die Nase beruhigen dein Nervensystem. Regelmäßige, bewusste Meditationen, um deine Selbstsicherheit zu stärken, sind ebenso hilfreich (ein paar wenige Minuten morgens oder abends können dich ganz schön weit bringen).

Wir können es nicht allen recht machen – sehr wohl aber uns selbst. Du bist es wert, nicht alles aushalten zu müssen. Die wirklich wichtigen und richtigen Menschen für dein Leben werden dir zur Seite stehen, anstatt dich zu belächeln oder runterzuziehen.

Heißhunger: ein allgegenwärtiges Problem

Was ist Heißhunger überhaupt? Heißhunger ist ein plötzlicher, intensiver Drang, zu essen, der oft spezifische Lebensmittel betrifft. Diese Art von Hunger unterscheidet sich von »normalem« Hunger, da er abrupt auftritt und ein starkes Verlangen nach konkreten Nahrungsmitteln oder Geschmacksrichtungen beinhaltet. Heißhunger kann durch verschiedene Faktoren ausgelöst werden, darunter emotionale Zustände (wie Stress oder Langeweile), hormonelle Schwankungen, bestimmte Nährstoffmängel oder als Reaktion auf restriktive Diäten. Oft sind die gewünschten Lebensmittel reich an Zucker, Fett oder (einfachen) Kohlenhydraten – also klassisch eher stark verarbeitet, was kurzfristig für ein Gefühl der Befriedigung und Beruhigung sorgt. Es ist wichtig, zu bemerken, dass Heißhunger nicht unbedingt ein Zeichen von Hunger ist, sondern eher mit dem Drang verbunden sein kann, emotionale Bedürfnisse zu erfüllen oder auf körperliche Ungleichgewichte zu reagieren.

Das Dilemma

Es ist ziemlich häufig, dass Menschen Heißhunger erleben, aber es ist nicht unbedingt so, dass jede oder jeder unter ihm leidet. Wenn du davon schon lange begleitet wirst, kann es vorkommen, dass du diesen Zustand mittlerweile als normal wahrnimmst. Das könnte aber auch daran liegen, dass unsere Gesellschaft unter diesem (schon häufig angesprochenen) Einfluss der Diätkultur steht. Durch regelmäßigen Verzicht und harte Diäten oder Kuren kann der Heißhunger (im Prinzip ist es ein bisschen wie ein Jo-Jo-Effekt) quasi vorprogrammiert sein. Heißhunger kann von Person zu Person variieren, sowohl in Bezug auf die Häufigkeit als auch auf die Intensität. Einige Menschen können regelmäßig starken Heißhunger verspüren, während andere ihn selten oder nie erleben.

Verschiedene Faktoren beeinflussen, ob jemand Heißhunger empfindet oder nicht. Personen, die regelmäßig Mahlzeiten auslassen oder sich stark einschränkende Diäten auferlegen, werden häufiger von Heißhungerattacken heimgesucht. Auch Stress, Angst und andere emotionale Zustände können bei einigen Personen Heißhunger auslösen. Vor allem dann, wenn Essen als Bewältigungsmechanismus antrainiert wurde. Manche Menschen essen so viel, bis ihnen schlecht wird, um die negativen Gedanken und intensiven Gefühle nicht mehr spüren zu müssen.

Hormonelle Schwankungen, insbesondere bei Frauen während des Menstruationszyklus, können ebenfalls Heißhunger beeinflussen. In der zweiten Zyklushälfte (Lutealphase) und bei starken Blutungen ist unser Umsatz leicht erhöht, unser Blutzuckerspiegel ist empfindlicher und somit auch unser Hungergefühl. Wenn in dieser Phase nicht genug Ruhe und eine ordentliche Nährstoffzufuhr gewährleistet werden, kann das zu Heißhungerattacken führen.

Ebenso können Gewohnheiten wie das regelmäßige Konsumieren von Süßigkeiten oder das Reagieren auf visuelle oder olfaktorische Reize (zum Beispiel der Geruch von frisch gebackenen Keksen) Heißhunger auslösen.

Und schließlich können bestimmte Gesundheitszustände oder Medikamente ein Heißhungergefühl beeinflussen. Dazu kann (muss aber nicht zwingend) Folgendes gehören: Schwangerschaft, PMS, schlecht eingestellter Diabetes und Schilddrüsenstörungen, psychische Störungen wie Depressionen, Angstzustände und Essstörungen, Medikamente wie Antidepressiva und -psychotika, hormonelle Verhütungsmittel, Diabetes- und entzündungshemmende Medikamente. Wenn es hier Zweifel gibt, ist es im Einzelfall notwendig, mit den behandelnden Ärzten und Ärztinnen zu sprechen.

Wichtig ist hier, Folgendes zu wissen: Es gibt keine Wunderwaffen oder ultimativen Lebensmittel, die im Akutfall bei einer Heißhungerattacke helfen. Ich weiß, dass viele Beiträge im Netz kursieren, die einem weismachen wollen, dass es bestimmte Alternativen gibt, wenn du Heißhunger hast. So quasi, wenn du Lust auf Haribo hast, iss einen Apfel. Das wird leider nicht hinhauen. Ich beobachte, dass die betroffene Person zwar zuerst versucht, diverse »gesunde« Alternativen zu konsumieren, dann aber trotzdem bei dem ursprünglichen Verlangen landet und somit in Summe noch mehr gegessen wurde als wirklich notwendig.

Fressattacken vorbeugen

Wie können wir nun Fressanfälle vermeiden? Wie schon gesagt, gibt es hier kein Wundermittel. Es existiert kein Lebensmittel, das du zu dir nehmen kannst, welches dann wie von Zauberhand den Essensdrang abtötet. Auch diverse eindimensionale Tipps, wie bei Hunger einfach Wasser zu trinken, helfen nicht nachhaltig. Um Heißhunger erfolgreich den Kampf anzusagen, braucht es Geduld, Selbstmitgefühl und die Erkenntnis, dass wir wieder mal an den Ursprung gehen müssen. Warum kommt es überhaupt zu einer Heißhungerattacke? Wenn ich weiß, was die Ursachen sind (hier hilft wieder mal mein Lifestyle-Protokoll, um Muster zu erkennen), kann ich auch effektive Strategien entwickeln bzw. mein Verhalten so anpassen, dass es nicht mehr zu diesen Anfällen kommt. An dieser Stelle aber ein Appell: Das geht nicht von heute auf morgen. Es wird hier und da mal einen Rückfall geben. Bitte sei hier nachsichtig mit dir selbst und bleibe trotzdem dran! Rückschritte machst du nur, wenn du komplett aufgibst!

Um Essattacken und Co. zu vermeiden bzw. hinter dir zu lassen, ist oft eine Kombination aus Verhaltensänderungen, mentaler Selbstfürsorge bzw. auch ein Umdenken und eventuell eine professionelle Unterstützung oder ein Coaching erforderlich. Gehen wir ein paar mögliche Fragen durch, die auf eine Lösung für dich hindeuten könnten:

1. *Isst du regelmäßig?* Oder lässt du Mahlzeiten aus, um dir irgendwas »für später« aufzuheben? Vergisst du wegen Stress zu essen, auch wenn du Hunger gehabt hättest? Versuchst du, irgendein Intervallfastenprotokoll durchzuziehen, das dir jemand »empfohlen« hat, sodass Mahlzeiten ausfallen, die dir eigentlich guttun würden? Wenn du unregelmäßig isst und zu lange Pausen zwischen deinen Mahlzeiten hast, kann das später zu übermäßigem Hunger führen. Isst du stattdessen regelmäßig alle drei bis fünf Stunden ausgewogene Mahlzeiten oder Snacks, bleibt dein Blutzuckerspiegel stabiler und du vermeidest extreme Hungergefühle, die eine Essattacke zur Folge haben könnten.

2. *Gestaltest du deine Ernährung ausgewogen?* Oder vermeidest du konsequent gewisse Lebensmittel und Nährstoffgruppen (ohne medizinische oder gesundheitliche Begründung)? Versuchst du, dich low carb oder low fat zu ernähren und dich stark einzuschränken? Eine ausgewogene Ernährung ist reich an Proteinen, Vollkornprodukten bzw. Ballaststoffquellen, gesunden Fettsäuren sowie Obst und Gemüse. Wenn unser Körper gewisse essenzielle Nährstoffe nicht bekommt (ich beobachte das oft bei zu wenig hochwertigem Protein), kann das zu Heißhungerattacken führen. Unser Körper schreit nach »mehr vom Richtigen«, aber wir tun uns schwer, diese Signale richtig zu deuten. Führe ein Ernährungstagebuch (dafür musst du keine Kalorien zählen) und du kannst schnell erkennen, ob gewisse Lebensmittelgruppen oder Nährstoffe regelmäßig zu kurz kommen.

3. *Verzichtest du zu viel?* Wenn du schon lange eine Diät einhältst und zu wenig von gewissen Nährstoffen zu dir nimmst oder aber

Lebensmittel, die dir eigentlich richtig gut schmecken würden, aus Vernunftgründen schon eine gefühlte Ewigkeit nicht mehr gegessen hast, kann dieser Verzicht zu einem starken Gefühl des Mangels führen. Dieser Mangel kann in diesem Falle physisch und emotional sein, was die Essanfälle umso brutaler ausfallen lassen könnte. Das ist auch der Grund, weshalb Diäten immer wieder scheitern: Die Ernährung ist nicht nachhaltig oder langfristig umsetzbar, und das führt zu Frust und Heißhunger.

4. *Lässt du dir beim Essen Zeit oder bist du selbst während des Essens mit anderen Dingen beschäftigt?* Unachtsames, schnelles und gestresstes Essen kann dazu führen, dass du das Gespür für die richtige Sättigung oder das echte Hungergefühl verlernst. Langsames und achtsames Essen hilft, diese natürlichen Signale wieder besser zu verstehen. Dazu erkläre ich später, im dritten Teil dieses Buches, mehr.

5. *Schläfst du genug?* Mangelnder Schlaf kann weitreichende Folgen für deine Gesundheit haben, aber vor allem auch für dein Essverhalten. Hier möchte ich etwas stärker ausholen, um deutlich zu machen, wie wichtig eine ordentliche Nachtruhe ist. Schlafmangel kann zu einem Ungleichgewicht bei den Hormonen Leptin und Ghrelin führen. Leptin signalisiert dem Gehirn, dass wir satt sind, während Ghrelin das Hungergefühl auslöst. Weniger Schlaf führt zu niedrigeren Leptin- und höheren Ghrelinspiegeln, was das Hungergefühl steigern kann. Menschen, die unter Schlafmangel leiden, neigen dazu, mehr Nahrungsmittel mit hohem Zucker- und Fettgehalt zu konsumieren. Einerseits weil durch die Müdigkeit das Verlangen nach zuckerhaltigen Dingen tendenziell immer größer ist, um einen Kick zu bekommen, andererseits können wir nicht ausschließen, dass es sogar zu Veränderungen im Gehirn kommt. Schlafmangel kann auch die Frontallappen des Gehirns beeinträchtigen, die für komplexe Entscheidungsprozesse und Impulskontrolle zuständig sind. Dies kann zu schlechteren Entschei-

dungen in Bezug auf die Ernährung führen, wie zum Beispiel die Wahl von Fast Food statt ausgewogener Optionen. Schlafmangel kann schließlich auch noch den Cortisolspiegel erhöhen. Cortisol ist ein Hormon, das mit Stress in Verbindung gebracht wird. Höhere Cortisolspiegel können zu einem gesteigerten Appetit und zu einem verstärkten Verlangen nach »Seelenfutter« führen. Schlaf ist also essenziell für unsere Gesundheit. Was kannst du tun, um für etwas mehr Schlaf und Ruhe zu sorgen? Wen kannst du dabei einbinden? Wo müssen Grenzen gesetzt werden? Was bringt deinen Schlaf durcheinander? Bedenke, dass bereits 30 Minuten mehr als sonst ein toller Anfang sind.

6. *Hast du zu viel Stress?* Dann lies besser noch mal alles zum Thema Stressmanagement durch. Entspannungstechniken können dir helfen, starkes Essverlangen zu verstehen und zu reduzieren. Physische Aktivität wie Sport kann besonders helfen, um als passendes Ventil für deinen Stress zu dienen.

7. *Haben deine Essattacken ihre Auslöser in emotionalen Problemen?* Dann ist eine Fachkraft wohl die beste begleitende Lösung. Unterstützend ist es, ein stärkeres emotionales Bewusstsein aufzubauen, um die affektiven Auslöser für deinen Heißhunger besser zu erkennen. Achtsamkeitsübungen wie ein Tagebuch zu führen, Meditation und Gesprächstherapie sind hier großartige Hilfen.

Sei dir bei all dem immer bewusst: Was für eine Person funktioniert oder Ursache ist, gilt nicht für alle anderen. Wenn du dich beim Versuch ertappst, vorgefertigte Strategien anderer Menschen umzusetzen, und es nicht funktioniert – sei dir bitte nicht böse. Gib dir Zeit, um herauszufinden, welche Ansätze für dich am besten funktionieren.

Alles mit Maß und Ziel

Wer kann schon nach fünf Chips die Packung weglegen? Ja, das ist eine fiese Nummer, wer kennt es nicht? Einmal angefangen, kannst du das Teufelszeug einfach nicht mehr weglegen, oder? Warum ist das so? Bist du einfach unfähig, hast keinen Willen oder bist du schlichtweg disziplinlos?

Ich habe tatsächlich Erklärungen parat, die dieses Phänomen erläutern – so grab your popcorn or chips, let's go!

Die Lebensmittelindustrie weiß ganz genau, was sie tun muss, um gewisse Produkte unwiderstehlich zu machen. Dafür gibt es eigene Teams. So wie wir beim Shoppen unterbewusst durch den Duft und die Hintergrundmusik in Geschäften zum Verweilen und Geldausgeben motiviert werden, passiert etwas Ähnliches mit den Chips in unserem Mund. Der Geschmack und die Textur von Chips & Co. werden genau so konzipiert, dass sie extrem schmackhaft sind. Das ist die Kombination aus Fett, Zucker und Salz sowie die optimale Knusprigkeit, die unserem Gehirn sagt: »Bitte mehr davon!« Warum glaubst du, haben Pringles ihre eigenartige Form? Na, damit ihre Oberfläche den größtmöglichen Teil unserer Zunge abdeckt. Es kommt förmlich zu einer Geschmacksexplosion. Das aktiviert unser Belohnungssystem im Gehirn – es fühlt sich richtig gut an, zu naschen. Dabei wird nämlich Dopamin freigesetzt. Und vom Dopamin wollen wir gerne mehr haben, also wiederholen wir diesen Vorgang. Ähnlich läuft es übrigens bei unserer Social-Media-Sucht ab. Hinzu kommt nun, dass, obwohl diese Snacks nicht kalorienarm sind, sie so verarbeitet sind, dass sie uns kaum bis gar nicht sättigen. Sie enthalten oft sehr wenig Ballaststoffe und Proteine, die sonst für ein besseres Sättigungsgefühl sorgen würden.

Das waren jetzt nur die physiologischen Faktoren, die dieses Suchtverhalten fördern. Es gibt natürlich noch psychische Faktoren, die hier auch noch eine Rolle spielen und den ganzen Prozess zusätzlich verstärken können. Gewisse Umstände und Situationen, wie etwa fernzusehen, können zu einer konditionierten Reaktion auf bestimmte Lebensmittel führen. Chips und Co. könnten auch an die emotionale Bewältigung gewisser Erfahrungen gekoppelt sein. Das können Stress,

Langeweile oder Traurigkeit sein, die wir so versuchen, zu kompensieren. Und schließlich kann auch deine innere Haltung eine große Rolle spielen. Hast du dir möglicherweise sehr lange (oder tust du es vielleicht insgeheim noch immer) Lebensmittel wie Chips verboten? Traust du dir selbst nicht zu, sie maßvoll essen zu können? Selbst wenn dir das manchmal gelingen sollte, wird es immer wieder Situationen geben, wo das Alles-oder-nichts-Denken die Oberhand gewinnt und du dir schließlich denkst: »Ach, schei* drauf, jetzt ist es auch schon egal!«

Wie wir sehen, ist das Ganze also etwas komplexer, als lapidar zu sagen, du hast keinen starken Willen.

Hier sind drei anschauliche Lösungsvorschläge, um Chips und Co. genussvoll und ausgewogen genießen zu können:

1. Nimm dir eine festgelegte Portion aus der Packung. Gib deine Portion in eine hübsche Schüssel, anstatt mit der Hand einfach in die Tüte zu tauchen. Mit deiner überschaubaren Menge fällt es dir leichter, langsamer und bewusster zu essen, da du die Portion im Auge hast. So isst du eben nicht die ganze Tüte, sondern vielleicht nur ein Drittel, sodass du an weiteren Abenden auch noch was davon hast.

2. Mach dir gleich einen ausgewogenen Snackteller mit verschiedenen Bausteinen: Richte einen Teller oder eine Platte mit deinen liebsten Chips, aber auch Obst und Gemüsesticks sowie einer Eiweißquelle an. Das könnte ein süßer oder pikanter Dip aus Skyr, Topfen oder Hüttenkäse sein. So wird dich die Portion besser sättigen und du hast gleich etwas mehr von allem, was dein Körper braucht, dabei!

3. Sorge dafür, dass du tagsüber genug gegessen hast, vor allem genug Eiweiß und Ballaststoffquellen.

Probiere es mal aus! Schließe Frieden mit Lebensmitteln, die du liebst, denen du aber lange Zeit nicht vertrauen konntest – oder besser, Lebensmitteln, die ein Misstrauen gegenüber dir selbst ausgelöst haben.

Teil 3

ZEIT FÜR DIE UMSETZUNG

Wir haben nun viel über Mindset, Gewohnheiten und toxisches Gedankengut gesprochen. Ich habe gängige Fragen vorgestellt und angewandte Lösungsvorschläge angeboten. Du hast die wichtigsten Punkte, die du für dein Leben am besten nutzen kannst, hoffentlich verinnerlicht.

Die Reise zu einem entspannten Essverhalten kann sich, vor allem anfangs, sehr lange anfühlen. Sobald die ersten Veränderungen stattfinden und neue Routinen in deinem Leben greifen, wird es nach und nach leichter.

In diesem Teil geht es jetzt ganz konkret um Impulse und Ansätze, wie du deine Ernährung erfolgreich umstellen kannst, ohne deine mentale Gesundheit auf der Strecke zu lassen.

Ich möchte dir das Konzept von Gentle Nutrition vorstellen, einen wesentlichen Teil der achtsamen, intuitiven Ernährung. Wenn du eine lange Historie mit Diäten hinter dir hast, dann kann es gut sein, dass der Gedanke an intuitives Essen sehr furchteinflößend ist. Warum? Langes Diäthalten kann zu weitreichenden Konsequenzen führen, die dein Essverhalten und dein Selbstbewusstsein nachhaltig beeinflussen: zu einem ernährungsbezogenen schlechten Gewissen, das Stress und Angst hervorruft; einem fehlenden Vermögen, Hunger- und Sättigungsgefühl zu erkennen; zu starken Gewichtsschwankungen; möglichem Kontrollverlust beim Essen bzw. starken Gelüsten und Heißhunger nach Lebensmitteln mit viel Zucker, Fett und Kalorien; zur ständigen Sorge um dein Essverhalten und zu damit einhergehendem obsessiven Denken und Planen; einem fatalistischen Alles-oder-nichts-Denken etc.

Die Diätkultur fördert ein binäres Denken, das uns dazu bringen kann, nur in absoluten Kategorien zu denken und uns entweder als »Versagende« oder »Erfolgreiche« beim Essen zu betrachten. Dass Diäthalten nicht funktioniert, ist nicht deine Schuld. Die Diätindustrie ist schuld, nicht du.

Als Ernährungsberaterin möchte ich, dass du weißt, dass es möglich ist, sich besser in Bezug auf Essen und deinen Körper zu fühlen. Es ist möglich, aufzuhören, eine Sklavin oder ein Sklave des Diäthaltens zu sein und zu lernen, wie du dich mit einem sanften, umfassenden Ansatz um dich selbst kümmern kannst.

Intuitives Essen ist keine weitere Diät und kein Abnehmkonzept. Ich werde dir kein Versprechen geben, dass sich dein Körper verändert, wenn du es umsetzt, denn ehrlich gesagt, habe ich keine Ahnung, was dein Körper tun wird. Aber ich kann im Namen von mir selbst und meinem Klientel, mit dem ich im Laufe der Jahre gearbeitet habe, sprechen und dir sagen, dass die Heilung deiner Beziehung zum Essen eines der bedeutungsvollsten und erfüllendsten Dinge ist, die du tun kannst. Es gibt keinen perfekten Weg, dies zu erreichen – aber auch kein Scheitern.

Ich glaube, dass es im ersten Moment zwar beängstigend ist, das Diäthalten aufzugeben, aber es ist noch beängstigender, den Rest deines Lebens weiterhin mit Essen zu kämpfen und im ewigen Diätkreislauf stecken zu bleiben.

Intuitiv essen: den Körper richtig verstehen

Viele Kritiker und Kritikerinnen von intuitivem Essen verwechseln intuitiv mit impulsiv, obwohl es eigentlich das genaue Gegenteil davon ist. Fairerweise muss ich sagen, dass ich anfangs, als ich von intuitivem Essen gehört habe, auch voreingenommen war. Das lag an zwei Dingen: Erstens habe ich mich nicht ordentlich genug mit dieser Philosophie auseinandergesetzt, sprich, ich war bis zu einem gewissen Grad ignorant, und zweitens waren einige toxische Diätglaubenssätze auch bei mir noch verankert. Was ist nun der Unterschied zwischen intuitiv und impulsiv?

Intuitives Essen ist bewusstes und aufmerksames Essen, abgestimmt auf die echten Bedürfnisse des Körpers. Dieser Ansatz betont das Hören auf die eigenen körperlichen Hunger- und Sättigungssignale. Es geht darum, zu erkennen, was der Körper wirklich benötigt. Wenn jemand intuitiv isst, könnte er oder sie zu Mittag zum Beispiel einen Salat wählen, weil der Körper nach frischem Gemüse und leichter Kost verlangt, anstatt sich von externen Diätregeln oder -plänen leiten zu lassen.

Impulsives Essen ist spontanes und oft emotional getriebenes Essen ohne Berücksichtigung der tatsächlichen körperlichen Bedürfnisse. Zum Beispiel könnte jemand impulsiv eine große Tüte Chips aufessen, nicht weil er oder sie hungrig ist oder der Körper dies benötigt, sondern weil das Stresslevel gerade hoch ist oder sich die Chips im Moment einfach gut anfühlen. Impulsives Essen kennen wir etwa von Heißhungerattacken. Wir trösten oder belohnen uns mit (eher stark verarbeitetem) Essen. Das wiederum kann unser schlechtes Gewissen verstärken und den Diätkreislauf anfeuern. Das alles hat nichts mit intuitivem Essen zu tun.

Intuitiv und achtsam zu essen, kannst du erlernen – vorausgesetzt, du bist bereit, Zeit und Geduld mitzubringen. Denn das gelingt nicht einfach innerhalb von vier Wochen.

Ich begleite mein Klientel in der Regel ein bis zwei Jahre mehr oder weniger engmaschig und intensiv. Genauso wie wir nicht erwarten können, innerhalb von einem Monat eine neue Sprache fließend zu sprechen oder Profi auf einem vorher nicht beherrschten Instrument zu werden, kannst du nicht erwarten, dass es mit deinem Essverhalten und Selbstbewusstsein so schnell geht. Wenn deine Erwartungshaltung nicht zu steil, sondern realistisch und zuversichtlich ist, wirst du keine extremen Rückschläge riskieren müssen. Ich weiß, dass uns die Leistungsgesellschaft und Social Media immer suggerieren, es ginge alles superschnell bzw. müsse superschnell gehen ... Das ist aber eine Lüge. Lass dich davon nicht blenden. Deine Reise darf so lange dauern, wie sie eben dauert. Lass dich einfach darauf ein und lass dich überraschen!

Achtsamkeit und intuitives Essen fokussieren sich auf den jetzigen Moment. Egal, was war oder sein wird, was zählt, ist das Jetzt.

Die Grundprinzipien des intuitiven Essens sind folgende zehn Leitlinien, die ich in Bezug auf meine angewandte Arbeit mit Hunderten von Frauen und Männern bestätigen kann.

1. *Ablehnung der Diätmentalität:* Das bedeutet, sich von der Idee zu lösen, dass es »gute« oder »schlechte« Lebensmittel gibt und dass Diäten der Schlüssel zu einem erfolgreichen Gewichtsmanagement sind. Das ist kein einfacher Schritt, da Diäten ja ein falsches Gefühl von Sicherheit geben. Diese »Sicherheit« abzugeben und sich auf sich selbst zu verlassen, kann im ersten Schritt Unbehagen hervorrufen.

2. *Hunger erkennen und respektieren:* Lerne, die körperlichen Anzeichen von Hunger zu erkennen und darauf zu reagieren, indem du isst, wenn du hungrig bist. Klingt auch erst einmal einfacher gesagt als getan. Hunger kann ja verschiedene Ursprünge haben: Durst, echter Hunger, emotionaler Hunger, Gewohnheiten oder Trigger, die Hunger »auslösen« oder damit verwechselt werden können.

3. *Mit dem Essen Frieden schließen:* Erlaube dir, alle Arten von Lebensmitteln zu essen, und vermeide es, bestimmte Lebensmittel zu verteufeln. Es kann jedoch eine Weile dauern, bis du sogenannte »Fear Foods« wieder annehmen und ohne schlechtes Gewissen essen kannst.

4. *F*ck the Food Police (ist auf Englisch einfach schön gesagt):* Erkenne und hinterfrage von dir selbst auferlegte Regeln und Gedanken rund um das Essen, die aus Diäten oder von anderen Personen stammen.

5. *Entdecke genussvolles Essen:* Konzentriere dich darauf, Lebensmittel zu finden, die nicht nur nahrhaft sind, sondern auch Genuss bringen. Dafür darf der Horizont erweitert und gewissen Lebensmitteln eine zweite Chance gegeben werden. Ja, Genuss und Gesundheit dürfen Hand in Hand gehen.

6. *Spüre die Sättigung:* Lerne, die körperlichen Anzeichen von Sättigung zu erkennen, um zu wissen, wann du aufhören solltest, zu essen. Hier geht es nicht um Selbstkasteiung, sondern um Respekt dem eigenen Körper gegenüber.

7. *Bewältigung von Emotionen ohne Essen:* Identifiziere andere Wege zur Bewältigung von Emotionen, die nicht mit Essen verbunden sind. Selbstregulation kann ganz unterschiedlich aussehen.

8. *Respekt für deinen Körper:* Akzeptiere und respektiere deinen Körper so, wie er ist, und verstehe, dass ein gesunder Körper in verschiedenen Formen und Größen existieren kann.

9. *Bewegung aus Freude:* Finde Arten, dich zu bewegen, die sich gut anfühlen und die du gerne machst, anstatt dich auf die Kalorienverbrennung zu konzentrieren. Bewegung darf nie eine Bestrafung sein. Bewegung ist vielmehr das körperliche Feiern der

wundervollen Möglichkeiten des Bewegungsapparats. Hast du dir schon mal überlegt, wie cool dein Körper eigentlich ist? Was der für tolle Bewegungen ausführen kann?

10. *Ehre deine Gesundheit mit sanfter Ernährung aka Gentle Nutrition:* Hier geht es um die Verbindung deiner emotionalen und physiologischen Bedürfnisse für eine langfristig nachhaltige Ernährungsform. Mehr Infos, wie genau sich das umsetzen lässt, findest du im nächsten Kapitel.

Diese Prinzipien zielen darauf ab, eine gesündere und nachhaltigere Beziehung zum Essen und zum eigenen Körper zu entwickeln. Es geht nicht darum, perfekt zu essen, sondern vielmehr darum, dem Körper zuzuhören und ihn mit Respekt zu behandeln.

An dieser Stelle möchte ich dir eine Frage stellen, die mir damals enorm geholfen hat, respektvoller und geduldiger mit mir und meinem Körper zu sein: Wenn du für einen Tag oder eine unbestimmte Zeit im Körper einer dir sehr am Herzen liegenden Person stecken würdest und du müsstest dich um ihn kümmern – wie würdest du mit ihm umgehen?

Über das Thema »Intuitive Ernährung« gibt es zahlreiche, wertvolle Ratgeber. Eine Vorreiterin in diesem Bereich ist Evelyn Tribole. Gemeinsam mit Elyse Resch veröffentlichte sie das Buch »Intuitive Eating: A Revolutionary Program That Works«, welches als grundlegendes Werk zum Thema intuitives Essen gilt. Dieses Buch hat den Ansatz populär gemacht und bietet detaillierte Einblicke in die Prinzipien und Praktiken, die diese Ernährungsphilosophie definieren. Tribole und Resch sind beide erfahrene Ernährungsberaterinnen und haben ihre beruflichen Erfahrungen genutzt, um den Ansatz des intuitiven Essens zu entwickeln.

Als Nächstes möchte ich speziell auf den zehnten Punkt meiner Leitlinien eingehen und in Verflechtung mit den anderen neun Schwerpunkten Ansätze geben, die dir den Zugang zu Gentle Nutrition erleichtern sollen.

Gentle Nutrition: achtsamer Umgang mit Essen und Körper

Gentle Nutrition ist ein Konzept, das mit dem intuitiven Essen assoziiert wird – eine Philosophie, welche eine gesunde und ausgeglichene Beziehung zum Essen und zum Körper fördern soll. Das Konzept von Gentle Nutrition erkennt die Notwendigkeit und Wichtigkeit, den Körper auf eine liebevolle und respektvolle Art und Weise zu versorgen, ohne strenge Regeln oder restriktive Diäten anzuwenden. Hier geht es darum, Entscheidungen rund um das Essen zu treffen, die sowohl das physische als auch das emotionale Wohlbefinden unterstützen.

Ich bin ein großer Fan dieses Konzepts und bemühe mich, es meinem Klientel näherzubringen und es gleichzeitig in ihren Wünschen ernst zu nehmen. Wichtig ist, an dieser Stelle zu erwähnen, dass Gentle Nutrition kein Werkzeug ist, um einfach abzunehmen. Auch intuitives Essen ist kein Tool, um abzunehmen (ich habe es schon erwähnt, aber doppelt hält besser). Personen, die intuitives Essen als Konzept zum Abnehmen verwenden, haben diese Philosophie einfach nicht verstanden. Beim intuitiven oder achtsamen Essen geht es nicht ums Abnehmen. Ich finde es schade, dass aktuell »erfolgreiche« Onlineprogramme und Apps (ich werde keine Namen nennen) existieren, die ihre Kundschaft damit eigentlich einfach in die nächste Diät locken.

Wenn diverse Zwangsgedanken rund um das Essen und das Körperbild abgelegt worden sind, können wir uns sehr wohl in weiterer Folge Möglichkeiten und Strategien ansehen, um das Gewicht in einer gesunden und nachhaltigen Art und Weise zu verändern. In erster Linie bleibt Gentle Nutrition jedoch eine Philosophie, die Essverhalten und Körper in einem ausgeglichenen Verhältnis betrachtet und ein gesundes Zusammenspiel fördern will. Hierbei ist mir persönlich folgendes Anliegen besonders wichtig: Die psychische bzw. emotionale Gesundheit darf durch eine Ernährungsumstellung nicht leiden. Punkt. Eine Ernährungsumstellung ist nur dann gesund und sinnvoll, wenn sie langfristig mit Selbstbewusstsein und Freude umgesetzt und fortgeführt werden kann.

Kommen wir nun zu einem Fahrplan, um das Prinzip Gentle Nutrition in den Alltag zu implementieren:

1. *Höre auf deinen Körper*

   Achte auf die Hunger- und Sättigungssignale deines Körpers. Iss, wenn du hungrig bist, und versuche aufzuhören, wenn du ein Sättigungsgefühl bekommst. Diese Achtsamkeit hilft dir dabei, deinen Körper besser zu verstehen und diverse Signale bewusster deuten zu können. Dafür musst du jedoch den Fuß vom Gas nehmen. Achtsames, bewusstes Essen funktioniert nur dann, wenn wir gegenwärtig sind und uns auf unsere Sinne einlassen. Lasse dir beim Essen Zeit und versuche, deutlich langsamer zu essen, als du es sonst gewohnt bist. Kleiner Tipp: Wenn du in Gesellschaft isst, probiere doch mal, die langsamste Person beim Essen zu sein. Nimm jeden Bissen bewusst wahr und genieße mit allen Sinnen.

   Lege während des Essens kleine Pausen ein, um bei dir selbst »einzuchecken« – wie fühlst du dich? Bist du schon satt? Brauchst du noch mehr, um dich zufrieden zu fühlen?

   Selbst dann, wenn du im Stress bist, solltest du dir Zeit nehmen. Wenn du nur fünf Minuten zur Verfügung hast, dann iss bitte trotzdem fünf Minuten lang langsam und bewusst. Wenn du deine Mahlzeiten bzw. deine Portion nicht in der verfügbaren Zeit schaffst, kannst du sie dir für später aufheben. Langsames Essen hilft dir, deinen Hunger und die Sättigung besser zu spüren und zu deuten, denn es dauert rund 20 Minuten, bis ein deutliches Sättigungsgefühl bemerkbar ist. Außerdem unterstützt du beim langsamen Essen deine Verdauung, ein netter Nebeneffekt kann also sein, dass du weniger oder gar keine Blähungen mehr hast bzw. das Völlegefühl ausbleibt.

   Vermeide Ablenkungen, iss in Ruhe und nicht, während du Tausend andere Dinge nebenbei machst. Konzentriere dich auf das Essen, ohne Ablenkungen wie Fernsehen oder Handy zuzulassen.

Achte auf Geschmack, Textur und den Geruch der Lebensmittel – das holt dich automatisch in die Gegenwart.

Lerne, zwischen körperlichem und emotionalem Hunger zu unterscheiden. Körperlicher Hunger baut sich langsam auf und kann durch Essen gestillt werden, während emotionaler Hunger oft plötzlich auftritt und nach spezifischen Lebensmitteln verlangt. Um den emotionalen Hunger zu befriedigen, braucht es alternative Wege zur Bewältigung und Geduld sowie Selbstmitgefühl. Alternative Bewältigungsstrategien können eine Kombination aus Gesprächen bzw. Gesprächstherapie sein; Bewegung, um aufgestaute Emotionen freizusetzen; Zeit in der Natur zu verbringen; Hobbys nachzugehen, die das Herz öffnen … Das ist individuell. Wenn du dir nicht sicher bist, wie du deine Empfindungen einordnen sollst, ist ein Gespräch mit einer Fachkraft wie mir, die auf intuitives und achtsames Essen spezialisiert ist, auf jeden Fall die schnellste Lösung, um neue Optionen für dich kennenzulernen. Dabei können dir auch meine Fragen im »Selbstbewusst gesund«-Journal helfen.

Isst du regelmäßig? Unregelmäßige Mahlzeiten können dazu führen, dass der Hunger zu groß wird und wir uns dann sehr schwertun, die Sättigung richtig zu interpretieren. Um das zu vermeiden, können regelmäßige Mahlzeiten alle drei bis fünf Stunden, die du achtsam und in Ruhe einnimmst, sehr schnell helfen, diese Extreme wie auch Heißhunger und Überessen verabschieden zu können.

Es kann eine Weile dauern, bis du den Dreh raushast – habe Geduld und Mitgefühl mit dir selbst. Rom wurde auch nicht an einem Tag erbaut!

2. *Es gibt keine »guten« oder »schlechten« Lebensmittel*

Hör auf, Lebensmitteln oder sogar Nährstoffen eine moralische Wertigkeit zu geben. Solange wir in einem Schwarz-Weiß-Denken gefangen sind, werden wir kein entspanntes Essverhalten entwickeln können. Ja, es gibt Lebensmittel, die in zu großen Mengen unserer Gesundheit nicht zugutekommen. Aber Lebensmittel oder Mahlzeiten sind niemals Sünde. Einen Salat zu essen, bedeutet nicht, dass du besonders brav gewesen bist. Gib stattdessen allen Lebensmitteln einen Platz. Das wird dir dabei helfen, ein gesünderes und entspannteres Essverhalten zu verwirklichen. Außerdem wird es dich dabei unterstützen, schlechtes Gewissen oder gar Schamgefühle bei gewissen Lebensmitteln abzuschütteln.

Schreibe dir eine Liste an Lebensmitteln auf, die du bisher als »Sünde« bezeichnet hast, aber eigentlich gerne essen würdest. Hinterfrage diese Gedanken. Dasselbe kannst du mit deinen »guten« Lebensmitteln machen. Dann darfst du dich mit der Idee anfreunden, deine »alten Sünden« mit deinen »gesunden« Lebensmitteln zu kombinieren. Notiere dir auch deine Gefühle und Gedanken, wenn du dir diese Listen machst. Was geht dir durch den Kopf? Verstecken sich da Ängste oder Glaubenssätze anderer Menschen?

Hinterfrage, warum du gewisse Speisen als »Sünde« bezeichnet hast – stimmt das wirklich? Wer hat das behauptet? Wieso eigentlich? Wenn deine beste Freundin oder dein Kind bestimmte Lebensmittel als Sünde bezeichnen würde, was würdest du darauf erwidern? Wie steht das im Verhältnis zu »echten« Sünden? Beispiel: Manche Lebensmittel haben aufgrund ihrer Kohlenhydratdichte völlig unberechtigt einen schlechten Ruf. Nehmen wir Karotten oder Bananen. In welcher Welt sollte bitte der Verzehr von Bananen und Karotten zu Übergewicht führen? Ja, es gibt tatsächlich Menschen da draußen, die uns ermahnen, ja nicht zu viele Karotten zu essen. Denke doch einmal nach, ganz pragmatisch: Macht das alles Sinn? Oder ist das eher erfundener Unsinn, um gewisse Diäten spezifischer aussehen zu lassen? Meinen Kunden und Kundinnen hilft es, diese »Negativ-Liste« mit mir durchzugehen, um meine pragmatische und vor allem professionelle Meinung dazu zu hören. So kann sehr schnell das ein oder andere Lebensmittel entzaubert werden. Hinterfrage also bitte immer deine Informationsquellen. Das gilt auch für Lebensmittel, die gerne als sehr gesund dargestellt werden.

Versuche, Lebensmittel neutral zu betrachten, statt sie emotional zu verkoppeln. Lebensmittel haben unterschiedliche Nährstoffe und Auswirkungen auf den Körper – und es kommt ganz auf die Mengen und Verhältnisse an.

Das achtsame Essen hilft auch, ein besseres Verhältnis zu den Nahrungsmitteln zu bekommen. Sei dir deiner Gefühle und Gedanken bewusst, wenn du bestimmte Dinge isst, die du dir verboten hattest. Was geht in dir vor?

Ersetze negative Gedanken über Lebensmittel durch positive Affirmationen, wie »Alle Lebensmittel können Teil einer gesunden Ernährung sein«. Auch kannst du dir Affirmationen überlegen, die dein Selbstbewusstsein stärken, wie »Ich ehre und verstehe meinen Körper und traue mir zu, ausgewogene und sanfte Entscheidungen für mich treffen zu können«.

Wenn du Lust auf deine ehemaligen »Sünden« hast, lasse das Bedürfnis zu. Frage dich auch, woher das Bedürfnis kommt, und lerne, es in deine Alltagsernährung einzubauen. Natürlich kannst du deinen griechischen Salat mit Pommes genießen, wenn es sich für dich richtig anfühlt. Solange du unterm Strich den Körper mit den essenziellen Bedürfnissen versorgst, kannst du auch stark verarbeiteten Lebensmitteln einen Platz einräumen, ohne es mit dem schlechten Gewissen zu tun zu bekommen.

3. *Ausgewogenheit und Vielfalt*

Sorge für eine Auswahl verschiedener Lebensmittel und Lebensmittelgruppen. Je vielfältiger deine Ernährung ist, vor allem je mehr verschiedene Pflanzen du integrierst, desto mehr Nährstoffe wirst du zu dir nehmen. Eine höhere Nährstoffdichte bedeutet auch, dass der Körper eher nicht zu Heißhungerattacken neigen wird. Balance is the key! Es ist auch wichtig, Lebensmittel einzubauen, die du einfach liebst. Sei hier achtsam und genieße verantwortungsvoll.

Experimentiere mit verschiedenen Lebensmitteln und Rezepten. Dies kann dazu beitragen, die Freude am Essen wiederzuentdecken und die Angst vor bestimmten Lebensmitteln zu verlieren.

Wenn du versuchst, mehr Obst und Gemüse einzubauen, oder dir schwertust, Neues auszuprobieren, dann habe ich drei Tipps für dich:

* *Saisonkalender:* Schau nach, was aktuell verfügbar ist und Saison hat. Das erleichtert dir die Entscheidung, was du einkaufen könntest. Und es ist eine nachhaltige Möglichkeit, neue Sorten kennenzulernen.
* *Neue Rezepte probieren:* Nimm dir ein bis zwei Mal pro Woche vor, ein ganz neues Rezept auszuprobieren. Schenke dir ein neues Kochbuch mit deiner liebsten Länderküche oder einer Ernährungsform wie der veganen Küche, die dich schon lange interessiert. Ich mache das zum Beispiel gerne gemeinsam mit Freundinnen, um die neuen Kreationen ausgiebig zu feiern und zu schätzen. Auch wenn du zum Beispiel mehr über Meal Prep und Vorkochen lernen möchtest, gibt es dafür zahlreiche Bücher und Rezepte im Netz sowie auf Apps wie Pinterest. Dort kannst du auch direkt mit deinen verfügbaren Zutaten das Passende finden.
* *Strategisch einkaufen:* Was ist gerade lose, also ohne Folie oder Verpackung, im Geschäft erhältlich? Bei deinem lokalen Bauernmarkt gibt es so gut wie alles in einer unverpackten Form. Mit diesem Zugang kannst du zusätzlich Müll reduzieren, der Umwelt helfen und Vielfalt genießen.

4. *Genuss und Freude*

Achte darauf, regelmäßig Lebensmittel oder Mahlzeiten einzubauen, die dir einfach unfassbar viel Genuss verschaffen. Essen darf und soll ein Genuss sein! Es braucht zwar Übung und Fingerspitzengefühl, um einen gesunden Mittelweg zu finden, jedoch gehört zu einer langfristigen Ernährungsumstellung dazu, dass wir immer wieder Lieblingslebensmittel genießen dürfen.

Mit Achtsamkeit und bewusstem, langsamem Essen kannst du deine bevorzugten Lebensmittel noch besser auskosten!

Genussmittel und das, was wir als etwas ganz Spezielles wahrnehmen oder früher als Sünde bezeichnet haben, dürfen einen besonderen Platz haben. Dazu gehört, dass sie nicht ausgenutzt oder für selbstverständlich gehalten werden. Ich liebe zum Beispiel weiße Schokolade, am liebsten mit Erdnussbutter-Fülle (ja, das ist vielleicht ein bisschen wild, aber ich liebe es). Es ist mir ein so besonderes Genussmittel, dass ich möglichst lange etwas davon haben möchte. Daher schaue ich darauf, dass ich theoretisch jeden Tag eine Kleinigkeit davon genießen kann, und gleichzeitig kaufe ich nur Produkte ein, die eine gewisse Qualität vorweisen. Wenn ich sie jeden Tag in rauen Mengen verdrücken würde, würde sie ihren Zauber verlieren und nichts Besonderes mehr sein, sondern eher nur eine Gewohnheit, die mir nicht unbedingt guttut.

Für mich ist ein Grundgebot immer, dass sich das Essen lohnen sollte. Esse ich etwas Bestimmtes, nur weil es da ist oder weil ich richtig Lust darauf und Freude daran habe? Und, dass die Freude auch nach dem Essen anhält und nicht in ein schlechtes Gewissen kippt.

5. *Mäßigkeit*

Finde ein gesundes Mittelmaß, statt von einem Extrem zum anderen zu springen. Lasse Ausschweifendes zu, solange du in Summe deinen Körper ausgewogen versorgst. Klar kann ich nicht erwarten, dass mein Körper optimal funktioniert, wenn ich mich größtenteils von hoch verarbeiteten Lebensmitteln und Junk Food ernähre und essenzielle Nährstoffe zu kurz kommen.

Übernimm Verantwortung für deine Entscheidungen und mache dich nicht selbst zum Opfer. Aufeinanderfolgende Feiertage oder Ähnliches sind kein Grund, die wohltuenden Gewohnheiten auf den nächsten Monat oder das nächste Jahr zu vertagen. Sei flexibel in deiner Ernährung. Ein gesundes Mittelmaß bedeutet, dass es in Ordnung ist, gelegentlich von deiner Routine abzuweichen.

Hinterfrage immer wieder, ob deine festgesetzten Routinen und Ziele auch realistisch sind. Setze dir reelle und erreichbare Ernährungsziele. Extreme Ziele führen oft zu einem Zyklus von Restriktion und Überessen.

Wie gesagt – Balance is the key. Es gibt keinen Grund zur Panik, wenn etwas schiefgeht. Denn das Tolle ist: Wir haben jederzeit – ja, jede Sekunde – die Möglichkeit, unsere Einstellung zu verändern und herauszufordern. Was für eine großartige Freiheit ist das denn?

Wenn es dir schwerfällt, eine Balance zu finden, würde ich auf jeden Fall eine professionelle Begleitung in Erwägung ziehen. Wenn dein Verhalten tief verankerte emotionale Bewältigungsstrategien beinhaltet, die sich in deinem Essverhalten als Esssucht manifestieren, würde ich das nicht alleine bestreiten. Die beste Hilfe, die es gibt, ist eine professionelle Beratung und Betreuung.

6. *Personalisierter Zugang*
Bitte bedenke, dass ernährungsbezogene Bedürfnisse und Vorlieben sehr unterschiedlich sein können. Was für eine Person funktioniert, muss nicht unbedingt für dich genauso hinhauen. Daher ist es so wichtig, eine individuelle Herangehensweise zu wählen, auch wenn das bedeutet, mehr Arbeit investieren zu müssen. Hör auf, dich mit Menschen im Internet zu vergleichen. Wenn jeder Mensch genau dasselbe machen würde, wären wir trotzdem alle unterschiedlich. Also, konzentrier dich auf dich und deine individuellen Bedürfnisse.

Hierbei helfen das Lifestyle-Protokoll und das »Selbstbewusst gesund«-Journal. Wir müssen zuerst herausfinden, was uns in unserem jeweiligen Alltag guttut und hilft. Jede und jeder ist anders gestrickt. Immer dann, wenn ich das Gefühl habe, ich bin wie eine Fahne im Wind und weiß gerade gar nicht mehr, wo ich stehe oder was ich tun soll, damit ich mich in meiner Mitte fühle, schreibe ich detailliert Tagebuch und stelle mir genau diese Fragen.

Ich dokumentiere meinen Alltag für zwei bis drei Wochen und reflektiere regelmäßig, was mir an den jeweiligen Tagen gutgetan und was mich gestresst hat. Dann überlege ich, wie ich den Stress reduzieren könnte. Das bedeutet oft, dass ich mich mit anderen Menschen austauschen muss, um eine andere Perspektive zu gewinnen. Wenn ich weiß, was ich will und was ich nicht möchte, kann ich bessere Entscheidungen treffen und meinen Ess- und Bewegungsalltag anpassen. Das Leben ist im ständigen Wandel, du darfst es auch sein.

Ich persönlich halte nicht sonderlich viel von fertigen Trainings- und Ernährungsplänen, wie sie aktuell im Netz oder von Coachenden verfügbar gemacht werden. Diese Pläne sind nicht flexibel und lösen gängige Alltagsszenarien nicht ordentlich auf. Abgesehen davon gibst du bei fixfertigen Plänen das Gehirn meist zu stark ab. Das führt dann dazu, dass du irgendwann anstehst, dir aus eigener Kraft nicht mehr zu helfen weißt und dir deine Kreativität abhandengekommen ist. Lieber erarbeite ich mir meine Ernährungspläne (!) abhängig von verschiedenen Situationen, Lebens- und Zyklusphasen sowie Kapazitäten langsam selbst, als stur einem Plan zu folgen, der eigentlich nicht für mich und meine Bedürfnisse gestaltet wurde. So ähnlich sehe ich übrigens auch die Problematik mit dem Kalorienzählen. Ein guter Coach, eine gute Coachin sollte dir ein Essverhalten beibringen, das du ohne eine permanente Kalorienkontrolle umsetzen kannst.

7. *Ehre deine Gesundheit*

Triff ernährungsbezogene Entscheidungen, die im Großen und Ganzen deine Gesundheit unterstützen. Das bedeutet jedoch nicht, dass alles perfekt sein muss. Es bedeutet, dass wir unterm Strich Entscheidungen treffen, die im Einklang mit unseren gesundheitlichen Zielen stehen. Health is the new wealth. Deine Gesundheit ist dein wertvollstes Gut.

An dieser Stelle möchte ich dir die Frage noch mal stellen, die mir damals enorm geholfen hat, respektvoller und geduldiger mit mir und meinem Körper zu sein: Wenn du für einen Tag oder eine unbestimmte Zeit im Körper einer dir sehr am Herzen liegenden Person stecken würdest und du müsstest dich um ihn kümmern – wie würdest du mit ihm umgehen?

Schreibe deine Antwort hier auf. Du bist deine beste Freundin bzw. dein eigener bester Freund. Wie möchtest du mit ihrem bzw.

seinem Körper umgehen? Wie würde sich dein Alltag verändern, wenn du diese Verantwortung hättest?

____

____

____

____

Eine weitere schöne Gedankenübung ist die Frage nach deinem 2.0. Was wünschst du deinem Zukunfts-Ich? Wer ist dein Zukunfts-Ich, wenn du dir das ohne Einschränkung erträumen dürftest?

Wie geht diese Version von dir mit deinem Körper und deinen Gedanken um? Wie ehrt sie die Gesundheit und die Balance im Leben?

Schreibe dir deine Gedanken dazu auf:

____

____

____

____

8. *Bleibe flexibel*

Sei offen dafür, deine Ernährungsgewohnheiten an deinen sich verändernden körperlichen Bedarf, wie zum Beispiel je nach Alter, deiner körperlichen Betätigung oder deinem Gesundheitsstatus, anzupassen. Als menstruierende Frau finde ich es ebenso wichtig, sich mit dem monatlichen Zyklus auseinanderzusetzen. Während deiner Menstruation hast du wohl andere Bedürfnisse als zu deinem Eisprung.

Finde Strategien, um entspannter mit Veränderungen und aktuellen Situationen umzugehen. Wenn beispielsweise dein geplantes Frühstück platzt, weil dir deine liebsten Krapfen angeboten werden, dann ist das kein Grund, den restlichen Tag verärgert zu sein. Im Falle des Krapfens kannst du trotzdem bei deinen späteren Mahlzeiten darauf achtgeben, genug Eiweiß und Ballaststoffe zuerst abzudecken, damit dein Körper auf seine Kosten kommt.

Wenn du zu Mittag nicht auf dein Sättigungsgefühl gehört hast, weil du gestresst warst oder aus Frust mehr gegessen hast, ist das kein Grund, das Abendessen zu streichen. Habe Mitgefühl und Verständnis für dich selbst und bedenke, dass du später trotzdem noch Nährstoffe brauchst. Höre dann auf dein Hungergefühl – vermutlich reicht dir eine kleinere Portion und du machst dir am Nachmittag einen Kräutertee, um deinen Magen von innen zu streicheln und zu beruhigen. Alles wird gut! Wir müssen uns nicht für unerwartete Situationen bestrafen. Niemals.

9. *Habe Verständnis und Mitgefühl für dich selbst*
   Sei lieb und verständnisvoll zu dir, auch dann, wenn du Entscheidungen triffst, die nicht im Einklang mit deinen gesundheitsbezogenen Zielen stehen. Du bist menschlich und musst nicht perfekt sein. Hake, was auch immer du gemacht oder nicht gemacht hast, ab und konzentriere dich auf den Weg vor dir. Progress over perfection! Hör auf, wegen Kleinigkeiten das Handtuch zu werfen.

Wo sollst du denn nun anfangen? Keine Sorge, jede Maßnahme, jeder achtsame Schritt wird sich früher oder später positiv bemerkbar machen. Wir haben auch keinen Sprint vor uns, also dürfen wir entspannt beginnen. Es folgen gleich sechs Schritte für die konkrete Umsetzung.

Bedenke dabei immer: Setze deine Ziele nur so hoch an, wie sie auch wirklich erreichbar sind. Stapel am Anfang lieber besonders tief. Mit jedem gelungenen Schritt wirst du deine Motivation nämlich verstärken – und das brauchen wir, um langfristig und konsequent dranzubleiben. Das wird auch dein Selbstbewusstsein und deinen Mut stärken, um die Ziele dann entsprechend anpassen zu können.

1. *Reflektiere*

   Wie sieht deine aktuelle Beziehung zu Ernährung und zu deinem Körper aus? Hast du strenge Glaubenssätze verinnerlicht? Hast du negative Zwangsgedanken? Warum vermeidest du bestimmte Lebensmittel oder sogar ganze Lebensmittelgruppen? Schreibe dir mal alles ganz ungefiltert auf. Erkennst du ein Muster? Wie geht es dir dabei, das alles aufgeschrieben vor dir zu sehen? Versuche, so ehrlich wie möglich zu dir selbst zu sein.

   Wenn du es noch nicht gewohnt bist, so viel zu reflektieren, dann kannst du dir auch nur eine Frage pro Tag vornehmen oder jeden Tag für zwei Wochen dieselbe Frage wiederholen. Es braucht immer ein bisschen Zeit, bis wir mehr Zugang zu unserem eigentlichen Bewusstsein bekommen:

2. *Bilde dich weiter und informiere dich*

   Darf ich dir was Supertolles verraten? Wir befinden uns im Informationszeitalter. Du hast Zugriff auf unendlich viel Wissen, nutze das intelligent. Lies dich in folgende Themen ein: Mikro- und Makronährstoffbedarf, Energiebedarf, die Funktionen deiner Organe ... Fange bei dem Thema an, das dich am meisten interessiert. Klar gibt es da draußen jede Menge Fehlinformationen – das sollte dich aber nicht davon abhalten, dich fortzubilden. Denn Wissen ist wirklich Macht!

   Buche Webinare, lies dich auf Blogs ein oder rede mit verschiedenen (!) Profis vom Fach.

   Viele scheitern an den Basics. Alle machen sich wegen Kohlenhydraten und Kalorien Sorgen, dabei hat unser Körper auch zahlreiche andere Bedürfnisse.

Nimm dir nicht zu viel auf einmal vor, aber zumindest ein Thema pro Woche. So mache ich es auch mit meiner Kundschaft, damit das erworbene Wissen optimal integriert werden kann.

Welche Fragen hast du zur Ernährung? Schreibe sie doch einfach auf, dann merkst du recht schnell, wo du ansetzen könntest bzw. wer dir hierzu weiterhelfen könnte:

____

____

____

____

3. *Übe Achtsamkeit*

Achtsames Essen bedeutet im ersten Schritt, bei deinen Mahlzeiten präsent zu sein. Wenn gegessen wird, wird nur gegessen! Iss langsamer, bewusster und ordentlicher. Sei dir all deiner Sinne beim Essen bewusst. Je langsamer und achtsamer du isst, desto besser kannst du auch deine Hunger- und Sättigungssignale deuten. Du wirst dich nicht mehr überessen, deine Verdauung entspannt sich ... Mir ist egal, was du isst – fangen wir lieber mit dem Wie an. Genieße dein Essen und nimm dir Zeit. Das ist auch Selbstliebe.

Wenn du dir also nicht sicher bist, womit du starten möchtest, dann würde ich auf jeden Fall hier ansetzen. Ich glaube, ich habe mich in diesem Punkt wirklich oft wiederholt, aber das hat auch einen guten Grund.

Achtsamkeit bedeutet, mit dir selbst im Einklang zu sein und deine Bedürfnisse besser kennenlernen zu können. Das gibt dir Freiheit und Gelassenheit.

Wie möchtest du Achtsamkeit ab sofort integrieren? Trage hier deine Top-Drei-Maßnahmen bzw. -Themen ein:

4. *Add, don't subtract*
Übersetzt bedeutet das, dass du darauf schaust, wie du gewisse Lebensmittel oder Nährstoffe einbaust, anstatt andere Sachen wegzulassen. Mehr vom Richtigen! Hier kannst du auch dein erworbenes Wissen anwenden und dich darauf konzentrieren, deinen Körper mit den Nährstoffen zu versorgen, die er braucht, um für dich da zu sein. So eliminieren wir auch das schlechte Gewissen, das wir haben, wenn wir ständig versuchen, Dinge zu vermeiden oder nicht so häufig zu essen … Das schlechte Gewissen ist nämlich genau das, was dazu führt, all die »gesunden Maßnahmen« irgendwann über Bord zu werfen, weil wir uns primär mit Verzicht herumärgern. Außerdem lassen uns Verbote ja nie wirklich in Ruhe, oder?

Beantworte dir selbst folgende Fragen: Wovon darf es mehr sein? Und wie möchtest du das, ganz handfest, integrieren?

5. *Experimentiere und adaptiere*
Bleibe flexibel und offen für Neues. Abgesehen davon, dass Flexibilität notwendig ist, um all die Veränderungen im Leben begrüßen zu

können, sorgt Abwechslung für neue Impulse und Ansätze. Sei bei neuen Ernährungserfahrungen bewusst und achtsam – wie nimmst du verschiedene Lebensmittel emotional und physisch wahr?

Um für Abwechslung sorgen zu können, ist es ganz praktisch, vorher zu wissen, wie dein bisheriger Rhythmus gewesen ist. Dein Status quo ist an dieser Stelle also ganz wichtig.

Welche Routinen hast du und welche können ergänzt und ausgebaut werden? Wo wünschst du dir mehr Vielfalt? In welchen Situationen brauchst du mehr Abwechslung oder Optionen, die dir die Situationen erleichtern könnten?

____

____

____

____

Beispiel: Du hast dir angewöhnt, zum Frühstück nur zwei Toastbrote mit Butter und Marmelade zu essen. Das hat zur Folge, dass du nach wenigen Stunden, während du auf der Arbeit bist, starken Hunger bekommst. Vor lauter Stress und dem intensiven Essensdrang greifst du in der Büroküche in die Schokoschüssel. So geht das dann den restlichen Tag weiter.
Das Problem: Deinem Frühstück fehlt es an Eiweiß und Substanz. Die schnell verfügbaren Kohlenhydrate sind bald verbraucht, obwohl dein Körper noch länger damit auskommen müsste.
Die Lösung: Statt Butter könntest du unter die Marmelade eine dicke Schicht Frischkäse oder Topfen/Quark streichen und die Marmelade mit quellenden Chiasamen bestreuen. Das wird dich länger satt halten und den Heißhunger später drosseln.

6. *Hole dir Unterstützung und Rat*
Es hat nicht jede und jeder die Kapazitäten, sich ganz alleine um all diese Schritte und Maßnahmen zu kümmern. Dank Diätkultur sind wir alle ja grundsätzlich superverwirrt und überfordert. Vor allem dann, wenn du schon lange nach Auswegen suchst oder auch gesundheitliche Baustellen bestehen, solltest du dir professionelle Unterstützung zugestehen. Ich würde hier empfehlen, eine Fachkraft zu wählen, die sich mit achtsamer, intuitiver Ernährung gut auskennt und dich auch ernst nimmt.

In Österreich können wir uns über bestimmte Versicherungen Boni holen, um uns Beratungen einfacher leisten zu können. SVS-Versicherte können zum Beispiel den Gesundheitshunderter beantragen. Es gibt viele Ernährungsberatende (mich inkludiert), die diese Förderungen annehmen.

Das Ziel von Gentle Nutrition ist es, eine positive, ausgewogene und nachhaltige Herangehensweise aufzubauen und anzunehmen, welche alle Bedürfnisse deines Körpers ehrt und ein ganzheitliches Wohlbefinden unterstützt. Hier geht es nicht um strenge Regeln, starre Ernährungspläne oder Verzicht, sondern darum, durch die richtige Bildung und Anwendung eine gesündere Beziehung zum Essen und zu deinem Körper zu fördern.

Das Lifestyle-Protokoll als Schlüssel zur Veränderung

Mein Lifestyle-Protokoll stellt in meinen Coachings eine ganz wichtige Basis dar. Es ist nicht mit den oberflächlichen Trackern, die du aus dem Internet und von Apps kennst, gleichzusetzen, da es bei mir auf keinen Fall um das Bewerten der Kalorienaufnahme geht.

Das Protokoll ist für mich als Fachkraft dazu da, eine Übersicht und Zusammenfassung deiner Gewohnheiten und Muster zu bekommen. Hierbei geht es nicht darum, einzelne Tage dezidiert hervorzuheben, sondern darum, Trends und Tendenzen zu erkennen. Gerade bei Frauen bzw. menstruierenden Personen ist es zusätzlich wichtig für mich, einen ganzen Vier-Wochen-Zyklus beurteilen zu können, da wir in unseren verschiedenen Zyklusphasen entsprechend andere Bedürfnisse haben, die sich in den Gewohnheiten und Impulsen widerspiegeln können.

Ich kann anhand der ganzheitlichen Zusammenfassung sehen, wo du bereits stehst und wo Ansatzpunkte für Veränderungen sind. Ich kann erkennen, wo es etwas mehr sein darf, damit deine Bedürfnisse gedeckt werden können. Es geht mir nämlich nicht darum, Dinge aus deinem Alltag zu streichen, sondern dir beizubringen, mehr von dem zu integrieren, was dir guttun wird und beispielsweise deinen Heißhunger reduzieren oder sogar eliminieren kann.

Ich finde es richtig unprofessionell, einfach drauflos zu raten und Empfehlungen auszusprechen, wenn ich nicht weiß, wie dein körperlicher Zustand ist. Das ist den Extraaufwand einfach wert, denn sonst dürfte ich diesen Beruf nicht ausüben. Erst wenn die Empfehlungen exakt zutreffend, annehmbar und realistisch sind, kann auch etwas vorangehen und langfristig umsetzbar sein.

So, wie ich als Fachkraft aus deinem Lifestyle-Protokoll wichtige Grundpfeiler deines Lebens herauslesen kann, ist es für dich ebenso ein wertvolles Tool, um dir deiner Gewohnheiten bewusst zu werden:

* Es ist eine Einladung zur Selbstreflexion. Du gewinnst durch die Sieben-Tage- bzw. Vier-Wochen-Übersicht eine andere Sichtweise

auf dein Verhalten. Anstatt auf einzelnen Tagen oder Mahlzeiten rumzuhacken, kannst du damit lernen, »aus der Vogelperspektive« pragmatischer und neutraler zu beurteilen, was gerade so los ist.

* Die Übersicht zeigt dir, wie deine Stresslevels, deine Zyklusphasen oder aber auch deine Schlafgewohnheiten Einfluss auf dein Essverhalten haben.
* Das Protokoll kann großartig verwendet werden, um vorausschauend zu agieren. Anhand von Tagen/Mahlzeiten, die bisher gut geklappt haben bzw. eine gute Referenz für die Zukunft sind, kannst du besser vorausplanen. Denn es geht ja gar nicht darum, ständig das Rad neu zu erfinden, sondern darum, die Dinge wiederholt zu tun, die dir guttun und für die du bereits ein gutes Selbstbewusstsein hast.

Im Protokoll geht es nicht einfach darum, aufzuzeichnen, was du gegessen hast. Es bietet dir jede Menge Platz, aktiv zu reflektieren und Notizen hinzuzufügen, die für dich für mehr Erklärung und Kontext sorgen. Das Essverhalten ist sehr komplex, da fließen so viele Bereiche hinein, die alle Aufmerksamkeit verdienen.

Denn wenn Bereiche und Bedürfnisse unterdrückt oder ignoriert werden, brechen sie in anderen Mustern, Impulsen und Gewohnheiten hervor. Wenn ich zum Beispiel meinem Schlaf keine Aufmerksamkeit oder Bedeutung schenke, er aber einen großen Einfluss auf meinen Heißhunger hat, kann es richtig frustrierend werden, wenn ich immer am falschen Ende nach Lösungen und Erklärungen suche.

Ich beobachte bei meiner Kundschaft, dass alleine das Dokumentieren und Reflektieren viele Probleme von »alleine« auflöst. Ich möchte dich also dazu ermutigen, einfach mal selbst draufloszuschreiben und zu beobachten, was sich in deinem Bewusstsein tut. Du wirst überrascht sein!

Nimm dir bewusst täglich dafür Zeit – am besten abends, dann kannst du den ganzen Tag Revue passieren lassen. Wenn du dir schon lange vorgenommen hast, achtsame Zeit in dein Leben einzubauen, hast du hier schon eine tolle Gelegenheit. Wenn du dir Sorgen machst, tagsüber Details zu vergessen, kannst du ja auf einem Block oder in deinen Handy-Notizen mitschreiben und zum Schluss alles übertragen. Manchen Menschen helfen auch kleine Schnappschüsse und Fotos des (Ess-)Alltags. Wähle einfach die Strategie, die für dich am realistischsten und authentischsten ist.

Damit du dir keine eigene Vorlage basteln musst, habe ich hier mein Protokoll hinterlegt. Scanne diesen QR-Code und lade das Protokoll herunter. Die genaue Erklärung der jeweiligen Protokollzeilen folgt im Anschluss. Du kannst wöchentlich ein neues Protokoll erstellen, indem du die Inhalte der Vorwoche rauslöschst und die Woche umbenennst.

Hier findest du das Lifestyle-Protokoll.
Jetzt scannen und gleich loslegen!

Erklärung der einzelnen Protokoll-Zeilen:

Tagesverfassung/Wohlbefinden: Hier trägst du ein, wie du dich fühlst und was deine ersten Einschätzungen zu deinem täglichen Wohlbefinden sind – unabhängig vom Gewicht. Vielleicht fühlst du dich motiviert, vielleicht fühlst du dich etwas neben der Spur. Wichtig: Lass deine Laune nicht von der Zahl auf der Waage beeinflussen, falls du dich wiegen möchtest. Wenn du dich morgens auf die Waage stellst, mach dir immer bewusst, dass das nur eine Zahl ist. Diese Zahl bestimmt nicht deinen Wert. Diese Zahl ist sehr oberflächlich und sagt auch nichts über deinen Gesundheitszustand aus oder ob gestern ein guter oder schlechter Tag war. Wenn du dich wiegen möchtest, dann akzeptiere, dass das einfach nur ein Datensatz ist. Wenn es dir so wichtig ist, beobachten zu können, ob sich dein Gewicht in die »richtige« Richtung bewegt, dann schaust du dir im besten Fall deinen Wochendurchschnitt über einen Zeitraum von ein bis zwei Monaten an. Wenn du merkst, dass du dich emotional von dieser Zahl abhängig machst, empfehle ich dir, die Waage erst mal ausziehen zu lassen.

Schlaf: Hier geht es darum, festzuhalten, wie du geschlafen hast, aber auch wie lange. Zu wissen, von wann bis wann du geschlafen hast, ist wichtig, um auch hier ein Muster zu erkennen. Wir alle besitzen sogenannte Chronotypen. Hast du dich schon einmal gefragt, warum manche Menschen am Morgen mit einem Strahlen im Gesicht aufwachen, während andere sich erst nach dem dritten Kaffee aus dem Bett quälen können? Das Geheimnis liegt in den Chronotypen! Chronotypen sind faszinierende Phänomene, die unseren persönlichen Schlaf-wach-Rhythmus und unsere Vorlieben für bestimmte Tageszeiten beeinflussen. Du bist entweder eine strahlende Lerche, die früh morgens voller Energie ist, oder eine geheimnisvolle Eule, die erst in den späten Abendstunden so richtig aufblüht. Vielleicht bist du auch irgendwo dazwischen – und das ist völlig in Ordnung. Unser Chronotyp wird von einer Vielzahl von Faktoren beeinflusst, von unseren Genen über unsere biologische Uhr bis hin zu Umweltfaktoren. Doch egal, ob du eine Lerche, eine Eule oder etwas dazwischen bist, die Kenntnis deines Chronotyps kann dir helfen, deinen Tagesablauf optimal zu gestalten. Indem du deine produktivsten und energetischsten Stunden identifizierst, kannst du deine Zeit effektiver nutzen und das Beste aus jedem Tag herausholen. Also, nimm dir einen Moment Zeit, um deinen eigenen Chronotyp zu erkunden. Wer weiß, vielleicht entdeckst du dabei eine ganz neue Perspektive auf deine täglichen Routinen und Gewohnheiten.

Zyklus: Wenn du eine Frau bist bzw. einen stattfindenden Menstruationszyklus hast, dann ist diese Zeile für dich. Hier trägst du deinen Zyklustag ein (zur Erinnerung: Tag 1 ist der Beginn deiner Periode) und wie du dich dementsprechend fühlst. Bemerkst du Symptome, beobachtest du zyklusbedingte Beschwerden oder Auffälligkeiten? Es muss nichts Negatives sein, vielleicht fällt dir rund um den Eisprung auf, dass du sozialer gestimmt bist, mehr Energie und weniger Appetit hast. Kurz vor der Periode verspürst du vielleicht mehr Hunger oder Gelüste nach bestimmten Lebensmitteln. All diese Informationen können sehr wertvoll für den restlichen Lebensstil sein. Ich würde das auch eintragen, wenn du bereits einen Zyklus-Tracker verwendest, denn so haben wir einen weiteren wichtigen Puzzleteil, der zu aufschlussreichen Erkenntnissen führen kann.

Hauptmahlzeiten (Frühstück/Mittag-/Abendessen): Wie genau du deine Mahlzeiten beschreiben möchtest, liegt ganz bei dir. Um deine Rhythmen festzuhalten, kannst du die ungefähre Uhrzeit dazuschreiben und eben, was du gegessen hast. Wenn es dir wichtig ist, zu notieren, »wie« du gegessen hast, dann tu dies. Was meine ich damit? Nun, wenn dein Thema ist, dass du zu schnell oder gestresst isst, kannst du hier auch vermerken, wie dein Gemütszustand gewesen ist. Konntest du dir mehr Zeit nehmen? Wie hast du das umgesetzt? Wie hat es sich angefühlt?

Musst du für das Protokoll dein Essen abwiegen? Nein. Bitte dokumentiere alles so, wie es für dich am hilfreichsten und angenehmsten ist.

Snacks: Dabei handelt es sich um Zwischenmahlzeiten und Naschen. Hier wäre ich etwas genauer, vor allem in der Beschreibung, wieso du eine Zwischenmahlzeit gebraucht hast. Warst du gestresst? War es eine emotionale Bewältigung? Hattest du einfach Hunger? War es eine strategisch gewählte Mahlzeit, um später keinen Heißhunger zu bekommen? Versuche, diese zusätzlichen Mahlzeiten zu beschreiben, ohne dich selbst zu verurteilen.

Viele fragen mich, was ich als »sinnvolle« Snacks bezeichne. In erster Linie ist mir wichtig, dass die Zwischenmahlzeiten ebenso achtsam gegessen werden und keine Manöver sind, um sich von anderen Dingen abzulenken.

Manchmal haben wir Lust auf etwas Frisches wie Obst, manchmal ist es Schokolade. Was mir immer geholfen hat bzw. es auch bis heute tut, ist, mir einen ausgewogenen Snackteller zu machen, vor allem wenn ich Lust auf etwas stark Verarbeitetes mit viel Zucker, Fett oder Salz habe. Ich kombiniere dann frische Obstschnitze und Gemüsesticks mit dem Genussmittel wie Schokolade. Meistens sehen meine Teller so aus: Apfel oder Birne, Gurke und Karotte, ein paar Salzmandeln und zwei Stück Schokolade. Ich versorge meinen Körper so nochmals mit Vitaminen, Mineralien und Ballaststoffen. Das sättigt mich länger und macht mich zufriedener, als nur eine Rippe Schokolade zu essen.

Supplements (NEM)/Medikamente: Da geht es um deine Nahrungsergänzungsmittel und Medikamente, die du einnehmen musst, falls das der Fall sein sollte. Diese Zeile kann auch dabei helfen, gewisse Dinge nicht zu vergessen.

Bewegung – Schritte/Training: Unter Bewegung verstehe ich nicht nur dezidierte Trainingseinheiten, wie ins Gym zu gehen, Gruppenkurse oder eine Ausdauereinheit zu absolvieren. Die Alltagsbewegung spielt eine bedeutende Rolle und wird gerne unterschätzt bzw. stiefmütterlich behandelt. Trage auch deine Alltagsbewegung wie deine Schritte, falls du eine Aufzeichnung hast, ein. Damit kannst du deinen Bewegungsdurchschnitt erfassen und hast eine Basis, mit der du arbeiten kannst. Bitte setze dich nicht mit diesen 10.000-Schritte-Zielen unter Druck. Schau doch erst einmal, was du schaffst, und nimm deine bisher erreichten Schritte als Referenz für die Zukunft. Denn wir sind nun mal motivierter, wenn wir unsere eigenen Ziele auch realistisch wahrnehmen können. Du musst an dich selbst glauben. Du schaffst beispielsweise im Wochendurchschnitt 5.000 Schritte – dann könnte dein Ziel sein, in der kommenden Woche an 6.000 Schritten zu arbeiten, und so weiter.

An dieser Stelle noch ein Tipp für mehr Krafttraining im Alltag: Es kann eine sehr große Hürde sein, sich in einem Fitnessstudio anzumelden und dann dreimal wöchentlich hinzugehen. Das braucht viel Mut und sehr viel Disziplin und Motivation. Bevor du aber gar nichts machst, weil du noch zu unsicher bist, habe ich folgenden Tipp, den ich auch all meinen Kunden und Kundinnen mitgebe: Mach die *Zwei-Minuten-Challenge!* Suche dir eine Übung aus, die du dir zutraust und die eine Muskelgruppe kräftigt, die dir wichtig ist. Dann stelle dir einen Timer für eben zwei Minuten. Führe diese Zwei-Minuten-Übung, so oft es geht, in deinem Alltag aus. Es können Kniebeugen sein, Unterarmstütz, Sit-ups, Liegestütze – ganz egal. Ich mache die Kniebeugen zum Beispiel gerne beim Zähneputzen.

Stresslevel: Notiere hier, wie du deinen Stress an diesem Tag einschätzt. Hat dich etwas aus der Bahn geworfen? Warst du besonders entspannt, und wenn ja, wieso? Wie bist du mit stressigen Situationen umgegangen? Was hat dich dabei stolz und glücklich gemacht? Was lernst du daraus für künftige ähnliche Situationen? Und so weiter …

Verdauung: Schreibe auf, ob dir etwas an deiner Verdauung aufgefallen ist. Hat sich dein Stuhlgang verändert? Hattest du Schmerzen oder Beschwerden? Fühlst du dich aufgebläht? Oder hast du das Gefühl, dass es deiner Verdauung besser geht als sonst? Notiere das, so genau es geht. So kannst du auch mögliche Unverträglichkeiten herausfiltern.

Hunger/Sättigung: Wie war dein Hungergefühl ausgeprägt? Konntest du deine Sättigung gut wahrnehmen? Notiere auch, ob du Heißhunger oder Ähnliches beobachtet hast. Hier ist nochmals ganz wichtig, dass du es beschreibst, ohne dich selbst negativ zu bewerten. Es ist, was es ist. Vielleicht hast du dich besonders gut gesättigt gefühlt oder rechtzeitig auf die Signale deines Körpers gehört, anders als sonst? Schreibe alles auf, was du rund um dein Essverhalten beobachtet hast.

Selbstfürsorge: Mir ist es ein großes Anliegen, dass wir wieder lernen, uns selbst an die erste Stelle zu setzen. People Pleasing und Selbstaufgabe, um es anderen recht zu machen, führt leider nicht zu dem Leben, das du dir für dich wünschst. Du kannst für andere nicht da sein, wenn du nicht für dich selbst da bist. Meine Oma sagte immer zu uns: »Take care of number one!« Wie recht sie damit hatte! An dieser Stelle ist es egal, wie viel Zeit du dir pro Tag für dich geben kannst – es geht lediglich darum, dass du es tust. Egal, ob zwei Minuten oder zwei Stunden.

Tu es und tu es bewusst. Was sind Selbstfürsorge-Maßnahmen? Hier sind ein paar Ideen, die sich aus dem Protokoll sowieso ergeben – aber der Trick ist, all diese Dinge auch als wichtige Werkzeuge der Selbstfürsorge wahrnehmen zu können:

* *Achtsamkeit und Meditation:* Nimm dir Zeit, um zur Ruhe zu kommen, sei es durch Meditation, Atemübungen oder einfach nur bewusstes Atmen. Dadurch kannst du Stress reduzieren und deine geistige Gesundheit stärken.
* *Gesunde Ernährung:* Achte darauf, deinen Körper mit nährstoffreichen Lebensmitteln zu versorgen, die ihm Energie geben und dein Immunsystem stärken. Vergiss nicht, ausreichend Wasser zu trinken, um gut hydriert zu bleiben.
* *Bewegung:* Betreibe regelmäßig körperliche Aktivitäten, sei es durch Sport, Spaziergänge an der frischen Luft oder Yoga. Bewegung kann nicht nur deine körperliche Gesundheit verbessern, sondern auch deine Stimmung heben und Stress abbauen.
* *Ausreichend Schlaf:* Bemühe dich um ausreichenden und qualitativ hochwertigen Schlaf. Schaffe eine ruhige Schlafumgebung und achte darauf, genügend Stunden Schlaf zu bekommen, um erholt und energiegeladen zu sein.
* *Zeit für Hobbys und Interessen:* Nimm dir bewusst Zeit für Dinge, die dir Freude bereiten und dich entspannen, sei es Lesen, Malen, Musikmachen oder Gärtnern. Das hilft dir, Stress abzubauen und deine Kreativität zu fördern.
* *Soziale Interaktion:* Pflege deine Beziehungen zu deinem Freundeskreis und zu deiner Familie. Verbringe Zeit mit Menschen, die dir wichtig sind, und teile deine Gedanken und Gefühle mit ihnen. Soziale Unterstützung kann einen großen Beitrag zu deinem Wohlbefinden leisten.
* *Grenzen setzen:* Lerne, deine Grenzen zu erkennen und zu respektieren. Sag Nein, wenn du überfordert bist, und lerne, deine Bedürfnisse zu kommunizieren.
* *Entspannungstechniken:* Probiere verschiedene Entspannungstechniken aus, wie zum Beispiel progressive Muskelentspannung, auto-

genes Training oder das Hören beruhigender Musik. Finde heraus, was für dich am besten funktioniert, um Stress abzubauen und zur Ruhe zu kommen.
* *Alleinzeit:* Nimm dir bewusst Zeit für dich selbst, um zu dir zu kommen und deine Gedanken zu sortieren. Das kann bedeuten, einen Spaziergang alleine zu machen, ein Bad zu nehmen oder einfach nur in Ruhe zu meditieren.
* *Professionelle Hilfe in Anspruch nehmen:* Scheue dich nicht davor, professionelle Hilfe zu suchen, wenn du das Gefühl hast, dass du sie brauchst. Ein Gespräch mit einer Therapeutin oder einem Berater kann sehr hilfreich sein, um mit Stress, Ängsten oder anderen emotionalen Herausforderungen umzugehen. Es kann aber auch in Form einer Weiter- und Fortbildung sein.

Tagesnotizen/Reflexion: Hier notierst du deine restlichen Gedanken zum Tag. Wenn dir gar nichts mehr einfällt, dann kannst du zumindest Folgendes festhalten, was nachweislich einen positiven Effekt auf dich haben wird:
* *Dankbarkeit:* Wofür bist du heute dankbar?
* *Vorfreude:* Worauf freust du dich schon (bezogen auf morgen oder irgendetwas in der Zukunft)?
* *Stolz und Selbstbewusstsein:* Worauf bist du stolz? Was hast du richtig toll gemeistert? Wann und warum feierst du dich selbst gerade richtig?

Es mag sich anfangs komisch anfühlen, diese Dinge zu notieren. Das bist du dir aber wert. Mach dir selbst bitte jeden Tag mindestens ein Kompliment!

Ein Tagebuch zu führen, mag auf den ersten Blick altmodisch erscheinen, aber lass dich nicht täuschen – es ist eine Geheimwaffe für persönliche Entwicklung und Wohlbefinden. Durch regelmäßiges Aufzeichnen deiner Gedanken, Aktivitäten und Emotionen kannst du ein tieferes Verständnis für dich selbst entwickeln und dein Leben bewusster gestalten.

* *Bewusstsein schaffen:* Indem du deine täglichen Aktivitäten reflektierst, kannst du ein tieferes Bewusstsein für deine Gewohnheiten, Vorlieben und Prioritäten entwickeln.
* *Ziele setzen und verfolgen:* Ein Tagebuch hilft, klare Ziele zu setzen und deinen Fortschritt auf dem Weg zu diesen Zielen zu verfolgen.
* *Stressabbau:* Das Schreiben in einem Tagebuch kann eine therapeutische Wirkung haben und dir dabei helfen, Stress abzubauen.
* *Selbstreflexion:* Durch regelmäßige Selbstreflexion kannst du dich persönlich weiterentwickeln und neue Einsichten über dich selbst gewinnen.
* *Entwicklung von Gewohnheiten:* Ein Tagebuch ermöglicht es dir, Muster und Trends zu erkennen, die dir dabei helfen können, positive Gewohnheiten zu entwickeln und negative zu vermeiden.

Ein Lebensstil-Tagebuch ist mehr als nur ein gewöhnliches Tagebuch – es ist ein kraftvolles Werkzeug, das dich dabei unterstützen kann, dein Leben bewusster zu gestalten und deine Ziele zu erreichen.

Langfristig kannst du deine Protokolle zum Planen verwenden. Denn anhand deiner Referenzen, also der Tage und Wochen, in denen es dir richtig gut gegangen ist, kannst du entsprechend nachsehen, was zu tun ist. Du bastelst dir fast schon deinen eigenen Ernährungsplan und kannst dein eigenes Verhalten als Vorlage für zukünftige Zeiten und Situationen hernehmen. Du musst nämlich nur wissen, welche Knöpfe bei dir zu drücken sind – du kennst dich selbst schließlich am besten.

Die fünf Elemente – meine Empfehlungen für Gesundheit und Ernährung

Dieses Buch ist per se kein detaillierter Ernährungsratgeber, in dem ich dir erkläre, was Kohlenhydrate und Proteine sind. Dennoch möchte ich dir einige meiner spezifischen Empfehlungen mitgeben, die grundsätzlich leicht zu merken und anzuwenden sind.

1. Eat real food: die Kraft natürlicher Nahrung

Die Lebensmittelindustrie lässt uns gerne glauben, dass ultrahoch verarbeitete Lebensmittel zur Normalität gehören. Wir lassen uns von teuren Hightech-Produkten täuschen und verwirren, während uns Mutter Natur eigentlich mit ausreichend Nahrung versorgt hat.

Mach es dir bei deiner Ernährung nicht zu schwer, sondern besinne dich auf die Ursprünge. Frage dich beim Einkaufen, wie naturnah deine Zutaten sind, und gehe nach dem 80/20-Prinzip vor. Das 80/20-Prinzip für die gesunde Ernährung basiert auf der Idee, dass wir uns zu etwa 80 Prozent gesund und ausgewogen ernähren und die restlichen 20 Prozent für gelegentliche Genussmittel oder stark verarbeitete Lebensmittel reservieren können. Es ist eine flexible Herangehensweise an die Ernährung, die es ermöglicht, uns größtenteils gesund zu ernähren, aber auch Raum für gelegentliche Leckerbissen oder persönliche Vorlieben lässt. Denn, wie wir nun wissen, führen Restriktion und Diäthalten zu keiner Balance.

Versuche, den Großteil deiner Gerichte aus Lebensmitteln zu basteln, die in der Natur zu finden sind und die du einfach selbst weiterverarbeiten könntest. Frage dich, ob du die betreffenden Lebensmittel in der Theorie selber ernten, pflücken, halten, sammeln, jagen oder fischen könntest. Damit hast du eine sehr gute Basis geschaffen, ganz egal ob du dich vegetarisch, vegan oder mit Fisch- bzw. Fleischprodukten ernährst.

Im Grunde genommen fehlt es den meisten Menschen an mehr Ausgewogenheit sowie an Farben und hochwertigem Eiweiß in der Ernährung.

Wie viele verschiedene Pflanzen nimmst du pro Woche zu dir? Kannst du zusammenzählen, wie viele verschiedene Gemüsesorten auf deinen Teller kommen?

Ich habe hier eine kleine *Pflanzen-Challenge* für dich, um mehr Farben und Vielfalt in deine Ernährung zu bekommen, denn abgesehen davon, dass es wissenschaftlich erwiesen ist, dass mehr als fünf Portionen Obst und vor allem Gemüse pro Tag gesundheitsförderlich sind und die Mortalitätsrate senken, wissen wir auch, dass eine große Vielfalt verschiedener Pflanzen Vorteile für unsere Darmgesundheit hat. Wer das Buch »Darm mit Charme« von Giulia Enders ebenfalls verschlungen hat, wird wissen, was ich meine. Wenn nicht, ist das an dieser Stelle eine wichtige Leseempfehlung. Auch Tiefkühlprodukte sind übrigens super und helfen mir persönlich sehr, um das ganze Jahr über genug vielfältige Farben einzubauen. Also, lass uns beginnen:

* Zähle mindestens eine Woche lang mit, wie viele verschiedene Pflanzen auf deinen Teller kommen. Dazu zählen nicht nur Obst und Gemüse, sondern auch Samen, Kerne, Hülsenfrüchte, Getreide etc.
* Versuche nun, gerne auch mit Blick auf den Saisonkalender, 30 verschiedene Pflanzen pro Woche zu konsumieren.
* Fasse danach zusammen, wie es dir mit der Challenge gegangen ist, und was du daraus mitnimmst.

____

____

____

____

Der nächste Bereich, der vielen Menschen schwerfällt, ist, eine ordentliche Eiweißzufuhr zu gewährleisten. Tendenziell bemerke ich, dass sich vor allem Frauen damit schwertun!

Eine zu geringe Eiweißzufuhr bzw. eine fehlende Balance zwischen Eiweiß, Fett und Kohlenhydraten bzw. Zucker kann Heißhungerattacken unter Umständen verstärken und das Sättigungsgefühl drosseln. Eiweiß macht und hält länger satt und ist ein unfassbar wertvoller und wichtiger Baustoff für unseren Körper. Eiweiß bzw. Protein brauchen wir für alle unsere essenziellen Körperfunktionen: für den Aufbau und Erhalt unserer Zellen – es ist also wichtig für alle Strukturen in unserem Körper; für die chemischen Reaktionen durch Enzyme, die für die Verdauung, Energiegewinnung, Blutgerinnung und Muskelkontraktion wichtig sind; für die Bildung von Hormonen im Körper, die Regulation des Wasserhaushalts und ein starkes und ordentlich funktionierendes Immunsystem. Und schließlich sind Eiweiß und Proteine ein wichtiges Transportmittel und ein essenzieller Speicherplatz für lebenswichtige Nährstoffe.

Wie können wir nun genug Eiweiß bei jeder Mahlzeit einbauen? In erster Linie würde ich mir nicht zu viele Gedanken um die genauen Mengen machen, auch wenn 25 bis 30 g Eiweiß pro Hauptmahlzeit wirklich förderlich sind. Zuerst einmal müssen wir uns bewusst sein, welche hochwertigen Eiweißquellen es gibt, damit wir überhaupt wissen, womit wir arbeiten können.

Hochwertige Eiweißquellen sind: Hülsenfrüchte wie Bohnen, Linsen, Kichererbsen, Soja und Produkte daraus wie Tofu, Tempeh, Hummus und »Chunks« (etwa die, die wir aus Erbsenprotein kennen); Eier; Milchprodukte; Fleisch; Fisch und Meeresfrüchte. Je weniger stark verarbeitet und je hochwertiger sie qualitativ sind, desto besser für unsere Gesundheit und die Funktionen unseres Körpers.

Damit Eiweiß nicht zu knapp kommt, versuche, deine Mahlzeiten rund um die Eiweißquelle aufzubauen. Wenn du zuerst das Eiweiß wählst, kannst du es nicht mehr so leicht vergessen. Quantitativ sollte die Eiweißquelle oder eine Kombination verschiedener Quellen ein Viertel bis ein Drittel deines Tellers ausmachen.

Think simple – die Lösung ist oft einfacher, als du denkst. Lass dich nicht von Werbung und Marketing verunsichern. In jedem Supermarkt findest du alles, was du brauchst und was uns die Natur geschenkt hat, ohne auf stark verarbeitete Produkte zurückgreifen zu müssen. Fokussiere dich auf eine vorwiegend naturbelassene Ernährung, trau dich, mehr auszuprobieren und zu kochen, und bau deine Mahlzeiten rund um hochwertiges Eiweiß und viele Pflanzen auf. Gehe nach dem 80/20-Prinzip vor, sodass du deinen Körper ordentlich versorgst, aber auf nichts verzichten musst.

2. Honor real rhythms: die natürlichen Lebensrhythmen respektieren

Durch künstliches Licht, die ständig fordernde Leistungsgesellschaft und körperoptimierendes Biohacking, welches primär an Männern erforscht ist, gelangen wir immer mehr aus der Balance. Manche Menschen geben sogar damit an, wie gestresst sie nicht sind und wie wenig sie schlafen, um noch mehr zu geben. Damit arbeiten wir gegen unsere ureigene Biologie und wundern uns, warum so viele Leute an Burn-out, einem fehlenden Bezug zu körperlichen Bedürfnissen oder Zyklusstörungen leiden.

Wir sind keine Maschinen. Wir brauchen tägliche, monatliche und auch saisonale Ruhephasen und Zeit, all die Eindrücke, Erfahrungen und Entwicklungen des Lebens zu integrieren und zu verarbeiten. Wenig Schlaf, die Nacht zum Tag zu machen, um länger arbeiten zu können, bedenkliche Bildschirmzeiten und künstliches Erzwingen längerer Wachphasen mit Zucker und Koffein bringen uns und unseren Körper komplett durcheinander – wir zahlen früher oder später immer den Preis dafür.

Manche Menschen wollen das vielleicht nicht hören, aber wir haben Grenzen. Es sind ganz natürliche, menschliche Grenzen und Bedürfnisse.

In diesem Kapitel werde ich daher auf grundlegende Rhythmen eingehen, die uns teilweise schon die Natur vorgibt, wie etwa den Wechsel der Jahreszeiten oder den Tag-Nacht-Rhythmus. Diese können wir für unser Wohlbefinden bewusst nutzen, wenn wir wissen, dass wir zu unterschiedlichen Zeiten unterschiedliche Bedürfnisse haben. Im Konkreten wirst du hier über dein Schlafverhalten, die

Notwendigkeit von Ruhepausen, die Besonderheiten des weiblichen Zyklus und saisonale Veränderungen lesen, die wir mittlerweile anscheinend verlernt haben, zu unserem Vorteil zu nutzen. Beginnen wir mit unserem Schlafverhalten.

Schlaf spielt eine entscheidende Rolle für die körperliche und geistige Gesundheit. Trotz der Anforderungen einer leistungsorientierten Gesellschaft ist es unglaublich wichtig, ausreichend Schlaf zu bekommen.

Schlaf fördert die kognitive Leistungsfähigkeit, einschließlich Aufmerksamkeit, Lernen, Gedächtnis und Problemlösung. Während des Schlafs verarbeitet und konsolidiert das Gehirn Informationen und Erfahrungen, was für das Lernen und die Gedächtnisbildung unerlässlich ist. Ausreichender Schlaf ist darüber hinaus für die emotionale Stabilität und die psychische Gesundheit wichtig. Zu wenig Schlaf kann zu Reizbarkeit, Stress, Angstzuständen und einem erhöhten Risiko für Depressionen führen. Weiters kann Schlafmangel die Reaktionszeit und die Entscheidungsfindung beeinträchtigen, was besonders in Berufen mit hohen Sicherheitsanforderungen (z. B. im Gesundheits- oder Transportwesen) kritisch ist. Das bestätigen sowohl eine Studie aus dem Jahr 2020 als auch ein Bericht der Sleep Foundation.

Schlaf beeinflusst zahlreiche Körperfunktionen, darunter das Immunsystem, den Stoffwechsel, das Herz-Kreislauf-System und die Hormonregulation. Langfristiger Schlafmangel kann das Risiko für ernsthafte Gesundheitsprobleme wie Herz-Kreislauf-Erkrankungen, Diabetes und Adipositas erhöhen, wie diverse Studien zeigen.

Während des Schlafs erholt sich der Körper von den Strapazen des Tages. Dies umfasst die Reparatur von Geweben, die Stärkung des Immunsystems und die Erholung der Muskeln.

In einer leistungsorientierten Gesellschaft, in der oft lange Arbeitszeiten und ständige Erreichbarkeit gefordert sind, kann es schwierig sein, genügend Schlaf zu bekommen. Doch gerade diese Anforderungen machen ausreichenden Schlaf eminent wichtig, denn er trägt dazu bei, dass man langfristig gesund und leistungsfähig bleibt. Es ist daher unerlässlich, ein gesundes Gleichgewicht zu finden und bewusst Zeit für ausreichenden Schlaf einzuplanen.

Um einen gesunden Schlaf zu fördern, musst du deinen Rhythmus und deine Bedürfnisse kennen. Lass dich dabei nicht von den Referenzen anderer Leute verunsichern. Die optimale Schlafdauer variiert zwar, aber es heißt, dass Erwachsene im Schnitt zwischen sieben und neun Stunden Schlaf pro Nacht brauchen. Wenn du davon weit entfernt bist, dann überlege, wie du zumindest 30 Minuten mehr Schlaf erreichen kannst, indem du dich etwas früher bettfertig machst.

Erkennen, was deinen Schlaf beeinträchtigen könnte. Ist es das schwere, späte Essen, ist es die Bildschirmzeit, sind es Gedanken, die im Kopf kreisen …? Werde dir dessen erst bewusst, bevor du Maßnahmen ergreifst.

Versuche, deine letzte Mahlzeit zwei bis drei Stunden vor dem Schlafengehen zu beenden. Setze auf leichtere Mahlzeiten, wie vegetarische, warme Gerichte, die trotzdem genug Eiweiß liefern.

Begrenze deine Koffeinaufnahme. Nimm das letzte koffeinhaltige Getränk spätestens sechs Stunden vor dem Zubettgehen zu dir.

Beobachte, wann du dich besonders fit und ausgeschlafen fühlst und wann nicht. Was können die Gründe oder Auslöser dafür sein?

Versuche, deine Bildschirmzeit zu begrenzen und investiere, falls du es nicht schaffst, Bildschirme zwei Stunden vor dem Schlafengehen wegzulegen, in Brillen oder Filter, die die künstliche Lichtbestrahlung ausblenden. Ich verwende für den Abend nach Sonnenuntergang eine Brille von Ra Optics.

Um deinen Biorhythmus gleich morgens in die Gänge zu bekommen, versuche, so früh wie möglich in die Morgensonne zu gehen. Unternimm einen frühen Spaziergang oder stell dich einfach vors Fenster oder auf den Balkon oder die Terrasse. Bereits fünf Minuten können positive Effekte erzielen, und irgendwann wirst du nicht mehr ohne diese Routine in den Tag starten wollen.

Unterschätze dieses natürliche Bedürfnis bitte nicht. Ich würde auch nicht empfehlen, eine Melatonin-Einnahme zu starten, wenn die oben genannten Schlaf-Basics nicht passen.

Im Training bzw. Sport gilt: Mehr ist nicht gleich mehr. Deine Trainingseinheiten zeigen nur dann eine Wirkung, wenn einerseits regelmäßig verschiedene Reize gesetzt werden und andererseits die gesetzten Reize integriert werden können. Das passiert dann, wenn wir regenerieren und ruhen. Dafür brauchen wir nicht nur ausreichend Schlaf, sondern eine gute Balance zwischen Tagen, die viel körperliche Beanspruchung mit sich bringen, und Ruhetagen, an denen das Volumen und die Intensität bewusst heruntergeschraubt werden.

Die Häufigkeit und das Timing von Ruhetagen können je nach Trainingsintensität, Fitnessniveau, Alter, Gesundheitszustand und individuellen Zielen variieren. Personen, die intensiv trainieren oder ein hohes Trainingsvolumen haben, benötigen mindestens einen bis zwei Ruhetage pro Woche.

Unterschiedliche Trainingsarten belasten den Körper auf unterschiedliche Weise. Krafttraining für dieselbe Muskelgruppe sollte nicht an aufeinanderfolgenden Tagen durchgeführt werden, um Übertraining und Verletzungen zu vermeiden. Ein Ruhetag oder ein Training anderer Muskelgruppen zwischen den Trainingseinheiten wird hier empfohlen.

Alter, Fitnessniveau, Ernährung, Schlafqualität und allgemeiner Gesundheitszustand beeinflussen, wie schnell sich der Körper erholt. Ältere Personen, die Sport machen oder Personen, die erst damit anfangen, könnten mehr Erholungszeit benötigen. Anzeichen wie anhaltende Müdigkeit, verminderte Leistungsfähigkeit, Schlafstörungen, Stimmungsschwankungen oder erhöhte Verletzungsanfälligkeit können auf zu wenig Erholung hinweisen. In solchen Fällen sollten zusätzliche Ruhetage eingeplant werden.

An Ruhetagen muss nicht völliger Stillstand herrschen. Leichte Aktivitäten wie Spazierengehen, sanftes Yoga oder Stretching können Teil einer aktiven Erholung sein, die die Regeneration fördert. Wichtig ist, auf den eigenen Körper zu hören und das Trainingsprogramm entsprechend anzupassen. Einige Sportler und Sportlerinnen profitieren von regelmäßigen Ruhetagen, während andere mit flexibleren Schemata gut zurechtkommen.

Es ist ratsam, mit einer qualifizierten Trainerin oder einem Sportmediziner zu sprechen, um ein individuell angepasstes Trainings- und Erholungsprogramm zu entwickeln, das den persönlichen Bedürfnissen und Zielen entspricht. Unumstritten ist auf jeden Fall die Tatsache, dass du Ruhetage brauchst. Wenn du ein schlechtes Gewissen hast, mal einen oder mehrere Tage keinen Sport zu machen, müsstest du wieder Ursachenforschung betreiben. Welche Beziehung hast du zu Sport bzw. welchen Zweck erfüllt er für dich?

Ich persönlich nutze auch meinen weiblichen Zyklus, um Ruhephasen gezielt einzusetzen. Dazu kommen wir jetzt genauer im nächsten Abschnitt.

Mittlerweile ist in aller Munde, dass für viele Frauen bzw. menstruierende Personen der Zyklus mehr als nur die monatliche Blutung darstellt. Dank diversen Apps und Trackern können wir mittlerweile alle relevanten Phasen des Zyklus beobachten, besser kennenlernen und entsprechende Veränderungen vornehmen, um die Hormonkurven zu unterstützen. Wenn ich sage: »Ehre deinen weiblichen Zyklus«, meine ich nicht: »Nimm diese teuren Supplemente, um deine Hormone ins Gleichgewicht zu bringen.«

Ich meine damit: Verstehe und respektiere, dass wir in jeder Phase verschiedene Bedürfnisse, Stärken und Schwächen haben. Darin liegen auch unsere Superkräfte. Das Verständnis des Zyklus hilft Frauen, Veränderungen in ihrem Körper besser zu verstehen und zu erkennen, was »normal« ist und wann möglicherweise medizinische Beratung erforderlich ist. Zum Beispiel können Unregelmäßigkeiten im Zyklus auf gesundheitliche Probleme hinweisen.

Für Frauen, die eine Schwangerschaft planen, ist das Wissen über ihren Zyklus entscheidend, um die fruchtbaren Tage zu bestimmen. Umgekehrt kann dieses Wissen auch helfen, Schwangerschaften zu vermeiden.

Verschiedene Phasen des Zyklus können unterschiedliche emotionale Zustände beeinflussen. Ein besseres Verständnis des Zyklus kann Frauen helfen, ihre emotionalen Reaktionen in verschiedenen Phasen des Zyklus besser zu verstehen und zu managen. Der weibliche Zyklus kann auch die Energie und körperliche Leistungsfähigkeit beeinflussen. Ein Bewusstsein für diese Veränderungen kann Frauen helfen, ihre Aktivitäten und Trainingsprogramme entsprechend anzupassen.

Einige Frauen erleben prämenstruelle Symptome (PMS), andere zyklusbedingte Beschwerden. Das Verständnis der Zyklusphasen kann bei der Identifizierung und Behandlung dieser Symptome helfen. Das Verstehen des eigenen Körpers fördert natürlich auch das Selbstbewusstsein und die Autonomie. Es ermöglicht Frauen, fundierte Entscheidungen über ihre Gesundheit, Ernährung, ihren Lebensstil und die medizinische Behandlung zu treffen.

Wir dürfen verstehen, dass wir nicht 24/7 exakt gleich funktionieren. In manchen Zyklusphasen, wie in der Lutealphase vom Eisprung bis zur nächsten Periode, haben wir einen etwas erhöhten Energiebedarf, wohingegen wir während der Periode ein größeres Bedürfnis nach Ruhe und Rückzug haben. Manche Hormone können Verdauungsbeschwerden periodisch begünstigen – mit diesem Wissen können wir den Lebensstil also immer etwas anpassen.

Auch im Sport hat der Zyklus eine wichtige Bedeutung. Die Anpassung unseres Sport- und Trainingsprogramms im Laufe eines Menstruationszyklus kann die Effektivität des Trainings verbessern und unser Wohlbefinden steigern. Der Menstruationszyklus lässt sich in mehrere Phasen einteilen, und jede Phase hat spezifische Eigenschaften, die sich auf die Leistungsfähigkeit und das Wohlbefinden auswirken können:

1. *Menstruationsphase (Tag 1 bis 5):* In dieser Phase, die mit dem ersten Tag der Menstruation beginnt, können Energielevel und Motivation niedriger sein. Leichtes bis moderates Training wie Yoga, Pilates oder Spaziergänge können hilfreich sein, um Beschwerden zu lindern und die Stimmung zu verbessern.

2. *Follikuläre Phase (Tag 6 bis 13):* Dies ist die Phase nach der Menstruation bis zum Eisprung. In dieser Zeit steigen Östrogen und Energielevel an. Es ist eine gute Zeit für intensiveres Training, einschließlich Krafttraining und High-Intensity-Intervalltraining (HIIT).

3. *Ovulationsphase (ca. Tag 14 bzw. ungefähr 14 Tage vor Beginn der nächsten Menstruation):* Während des Eisprungs, der in der Mitte des Zyklus auftritt, erreichen Energie und Leistungsfähigkeit oft ihren Höhepunkt. Hochintensive Aktivitäten können hier besonders effektiv sein. Allerdings sollten Frauen auch auf eine erhöhte Verletzungsanfälligkeit achten.

4. *Lutealphase (Tag 15 bis 28):* Nach dem Eisprung steigt das Hormon Progesteron, und die Körpertemperatur kann leicht ansteigen. Diese Phase kann mit PMS-Symptomen einhergehen, und einige Frauen fühlen sich müder oder weniger motiviert. Moderate Aktivitäten wie Radfahren, Schwimmen oder leichte Kraftübungen können angenehm sein. Yoga und Stretching können ebenfalls helfen, PMS-Beschwerden zu lindern.

Wichtig ist, auf die Signale deines Körpers zu hören und das Training entsprechend anzupassen. Es kann auch hilfreich sein, ein Trainingstagebuch zu führen, um Muster über mehrere Zyklen hinweg zu identifizieren und das Trainingsprogramm entsprechend anzupassen. Wenn du dich hier vertieft einlesen möchtest, findest du am Ende des Buches weiterführende Lesetipps.

Zu guter Letzt möchte ich die Bedeutung unserer Jahreszeiten und saisonalen Veränderungen ansprechen. Wir sind Produkte der Natur, das können wir nicht bestreiten. Das Respektieren und Nutzen der Rhythmen der Natur, wie etwa des wiederkehrenden Zyklus der Jahreszeiten, kann aus verschiedenen Gründen wichtig für unsere Gesundheit sein.

Der menschliche Körper reagiert auf natürliche Umweltveränderungen. Zum Beispiel beeinflusst das Sonnenlicht die Produktion von Vitamin D und reguliert den zirkadianen Rhythmus (unseren natürlichen 24-Stunden-Zyklus). Sich an die Jahreszeiten anzupassen, wie etwa während der sonnigen Monate mehr Zeit im Freien zu verbringen, kann die Gesundheit fördern.

Eine Verbindung zu der Natur zu haben und unser Leben dem Wechsel der Jahreszeiten anzupassen, kann positive Auswirkungen auf unsere psychische Gesundheit haben. Natürliches Licht, besonders im Winter, kann beispielsweise helfen, saisonale affektive Störungen zu lindern. Es wurde festgestellt, dass das Leben im Einklang mit den Jahreszeiten einen tiefgreifenden Einfluss auf unser emotionales Wohlbefinden hat. Eine im Journal of Positive Psychology veröffentlichte Studie ergab, dass Personen, die Aktivitäten entsprechend der aktuellen Jahreszeit betrieben, von höheren Niveaus an positiven Emotionen, mehr Lebenszufriedenheit und allgemeinem Glück berichteten. Indem wir die einzigartigen Qualitäten und Energien jeder Jahreszeit annehmen, können wir ein größeres Gefühl von Zufriedenheit, Freude und emotionaler Belastbarkeit kultivieren.

Das Essen saisonaler Lebensmittel bietet nicht nur eine größere Vielfalt in der Ernährung, sondern auch Nährstoffe, die für die jeweilige Jahreszeit optimal sind. So enthält zum Beispiel Wintergemüse mehr Kalorien und Nährstoffe, die in den kälteren Monaten benötigt werden.

Die Anpassung an die Jahreszeiten kann auch dazu beitragen, Ressourcen zu sparen, beispielsweise durch die Nutzung natürlicher Beleuchtung und Wärme, was für mehr Energieeffizienz sorgt und gut für die Umwelt ist.

Insgesamt kann das Leben im Einklang mit den natürlichen Rhythmen dazu beitragen, ein gesünderes und ausgeglicheneres Leben zu führen. Es stärkt die Verbindung zur Natur und fördert das Bewusstsein für die Auswirkungen unserer Lebensweise auf unsere persönliche Gesundheit und die Umwelt. Back to basics.

3. Do real things: sich an die Kindheit erinnern

Pflege Aktivitäten und Hobbys, die du schon als Kind geschätzt hast. Wie viel Zeit verbringst du durchschnittlich am Handy oder Laptop? Wie viel Zeit investierst du in TV- oder Serienschauen? Nicht, dass diese Sachen grundsätzlich schlecht wären – ich bin mir aber sicher, dass du davon etwas Zeit abzwicken könntest, um andere Leidenschaften und Hobbys zu fördern, die dir mehr zurückgeben.

Warum ist es wichtig, »echte« Hobbys zu haben und hin und wieder noch mal Kind zu sein?

Uns in Aktivitäten zu vertiefen, die wir als Kinder geliebt haben, wie etwa das Eintauchen in spielerische und kreative Tätigkeiten, kann eine wohltuende Pause von alltäglichen Stressfaktoren bieten. Dies fördert eine entspannte Umgebung, die Stress und Angst reduziert.

Kindheitshobbys wie Zeichnen, Musik oder Handarbeiten regen unsere kreative Ader an. Diese Art der Selbstentfaltung kann auch im Erwachsenenleben zu neuen, innovativen Lösungsansätzen führen. Aktivitäten, die in jungen Jahren beliebt waren, tragen darüber hinaus wesentlich zur Erhaltung der körperlichen Gesundheit bei und können das Risiko von Krankheiten wie Herz-Kreislauf-Beschwerden und Diabetes mindern.

Wenn du regelmäßig deinen Hobbys nachgehst, steigert das dein allgemeines Wohlbefinden und kann das Risiko für Depressionen und Einsamkeit senken. Es fördert soziale Interaktionen und vermittelt ein Gefühl der Zugehörigkeit und des Erfolgs. Durch Hobbys können Erwachsene sich weiterentwickeln, neue Fertigkeiten erlernen und verborgene Aspekte ihrer Persönlichkeit entdecken, die im Berufsleben oder im Alltag möglicherweise nicht zur Geltung kommen.

Beschäftigungen außerhalb der Arbeit unterstützen zusätzlich ein gesundes Gleichgewicht zwischen Berufs- und Privatleben, was sowohl die Arbeitsleistung als auch die Lebensqualität verbessern kann. Und in einer Zeit, in der viele Menschen viel Zeit vor Bildschirmen verbringen, bieten (analoge) Hobbys die Chance, sich von der digitalen Welt zu distanzieren und sich von digitalem Stress zu erholen.

Hier geht es gar nicht darum, stundenlang Mandalas auszumalen oder sich 30 Strick-Sets zu bestellen. Hobbys sollten dich nicht unter Druck setzen, aber du solltest ebenso kein schlechtes Gewissen haben, dir dafür Zeit zu nehmen.

Die einfachsten und trivialsten Tätigkeiten sind oft die, die uns am meisten Wohlbefinden schenken. Wichtig ist hierbei, dass wir diesen Hobbys mit einer klaren Intention und Achtsamkeit nachgehen. That is where the magic starts.

4. Move your body daily: Das Leben ist in Bewegung

Im Laufe dieses Buches habe ich mehrmals hervorgehoben, wie wichtig körperliche Bewegung für uns ist. Dabei geht es in erster Linie gar nicht darum, was ich tue, sondern darum, dass ich etwas für mich tue. Wir sind für so viele Bewegungsformen gemacht und geboren worden – für mich ist Bewegung und Sport in jeder Form das Feiern der Fähigkeiten meines Körpers. Egal, wo du gerade stehst oder wie »unfit« du glaubst zu sein – jeder Mensch hat irgendwo mal gestartet.

Vergleiche dich nicht mit anderen Menschen, gehe stattdessen auf die Suche danach, was dir Spaß und Freude bereitet. Ob das Tanzen ist, ausgedehnte Spaziergänge, Kampfsport, Fitnesscenter, Gruppenstunden … Mir als Fachkraft und ausgebildeter Trainerin ist das in erster Linie egal. Hauptsache, du findest wieder Gefallen an der Bewegung, sodass du täglich etwas für deinen Körper tun kannst. Manchmal wird es mehr sein, weil du mehr Zeit, Energie und Drive hast, manchmal wird sich nur das Minimum ausgehen. Aber jedes bisschen zählt.

Daher liegt meine Empfehlung erst immer darin, die Alltagsbewegung zu steigern. Hier spreche ich aber nicht von den 10.000 Schritten, die du angeblich unbedingt erreichen musst. Woher kommt diese Empfehlung überhaupt?

Der Anstoß, täglich 10.000 Schritte zu gehen, stammt ursprünglich aus Japan. Er wurde in den 1960er-Jahren populär, als der japanische Arzt Dr. Yoshiro Hatano eine Studie durchführte. Dr. Hatano war ein Forscher an der Kyushu University of Health and Welfare und interessierte sich für die Vorteile regelmäßiger Bewegung. Er fand heraus, dass durchschnittliche Personen etwa 3.500 bis 5.000 Schritte pro Tag gehen. Seine Forschung zeigte, dass, wenn diese Personen ihre Schrittzahl auf 10.000 pro Tag erhöhen, dies erheblich zu einer besseren körperlichen Gesundheit beitragen kann. Es würde helfen, das Risiko von Herzerkrankungen und anderen gesundheitlichen Problemen zu reduzieren.

Diese Zahl wurde auch durch ein kommerzielles Produkt gefördert: Dr. Hatano half bei der Entwicklung eines Schrittzählers namens »Manpo-kei«, was auf Japanisch »10.000-Schritte-Messer« bedeutet. Dieses Gerät fand in Japan reißenden Absatz und trug dazu bei, die Idee von 10.000 täglichen Schritten als Gesundheitsziel zu verbreiten.

Obwohl diese Zahl mehr als Richtlinie denn als strenge medizinische Regel gilt, hat sie sich weltweit als einfacher, einprägsamer und erreichbarer Maßstab für Aktivität etabliert. Neuere Studien zeigen, dass sogar eine geringere Anzahl von Schritten pro Tag positive Gesundheitseffekte haben kann, besonders für Personen, die zuvor einen sehr inaktiven Lebensstil geführt haben.

Ich persönlich gehe immer von dem Status quo aus. Wenn du beispielsweise im Wochenschnitt 3.500 Schritte täglich gehst, würde ich nicht dazu raten, dich mit der 10.000-Schritte-Empfehlung unter Druck zu setzen. Vielleicht ist das erste Ziel, 5.000 Schritte im Schnitt zu schaffen, indem du am Tag einen zusätzlichen Fußweg einrichtest oder statt Lift und Rolltreppe die Stufen nimmst. Unterschätze die Kleinigkeiten nicht! Parke dein Auto etwas weiter weg von deinen Zielen oder gehe eine Station der Straßenbahn zu Fuß, die du sonst fahren würdest. Gerade vor oder nach der Arbeit (vorausgesetzt, dass du nicht zu spät für irgendetwas dran bist) ist das Spazieren oder Walken eine richtig gute Maßnahme, um den Kopf freizukriegen und die Gedanken bewusst in die Richtung zu lenken, wie du den Tag erleben möchtest oder was er dir gebracht hat.

Eine der häufigsten Fragen, die ich bezüglich Sport bekomme, ist, ob wir Kraft- oder Ausdauertraining machen sollten. Ich würde mich hier nicht auf eines beschränken, aber wenn du dich bemühst, deine Alltagsbewegung messbar zu steigern, würde ich auf jeden Fall sagen: Krafttraining.

Krafttraining bzw. kräftigende Übungen werden nach wie vor vor allem von Frauen unterschätzt. Ich merke, dass noch immer sehr viel Unsicherheit bei diesem Thema mitschwingt. Zu Unrecht. Unsicherheit darf höchstens bei der Ausführung von schwereren Übungen bzw. Übungen, wo schnelle Bewegungen enthalten sind, herrschen – aber dafür gibt es dank Trainern und Trainerinnen schnell Hilfe. Fitnessstudios und Vereine sowie Kurse haben genau dafür Mitarbeitende, die sich freuen, helfen zu können.

Krafttraining bedeutet nicht, dass du nach dem Gewichtestemmen männlich oder unweiblich aussiehst. Das geht auch wirklich nicht so einfach. Ich trainiere seit fast 16 Jahren mit Gewichten und kann folgende positive Auswirkungen von regelmäßigem Krafttraining, in welcher Form auch immer, aufführen:

* *Verbesserte Haltung und reduzierte bzw. eliminierte Haltungsschmerzen:* Langes, falsches Sitzen hat einen negativen Einfluss auf die Haltung. Aber auch unsere Handy-Gewohnheiten belasten unsere Wirbelsäule. Durch gezieltes Krafttraining formst du nicht nur einen schönen Rücken, sondern verbesserst deine Haltung sichtbar und spürbar.
* *Steigerung des Selbstvertrauens:* Krafttraining kann das Selbstvertrauen stärken, indem es dir hilft, dir deiner körperlichen Fähigkeiten bewusster zu werden und Erfolgserlebnisse im Training zu haben. Außerdem macht es einfach Spaß, mehr Kraft zu haben.
* *Gesteigerter Stoffwechsel:* Mehr Muskelmasse bedeutet, dass dein Energieumsatz gesteigert wird. Aber Achtung, das heißt auch, dass du erst recht auf eine ordentliche Mikronährstoff- und Eiweißversorgung achten solltest. Nur dann kann auch dein Gewebe straffer und geschmeidiger werden.
* *Erhalt der Muskelmasse:* Ab dem Alter von etwa 40 Jahren beginnen Frauen, Muskelmasse zu verlieren. Krafttraining kann diesem Verlust entgegenwirken und hilft, die Unabhängigkeit im Alter zu erhalten. Es ist also niemals zu spät, damit zu beginnen.
* *Verbesserung der Knochengesundheit:* Krafttraining stimuliert die Aktivität von Osteoblasten, den knochenbildenden Zellen, was besonders wichtig ist, da Frauen ein höheres Risiko für Osteoporose haben.

Wie steigst du nun als Anfängerin oder Anfänger am besten ein?

Als Trainerin empfehle ich dir, auf jeden Fall in zumindest eine begleitete Stunde zu investieren. Wenn dir eine Gruppendynamik wichtiger ist, dann schau dich nach kleineren Fitnessstudios um. Unabhängig davon kannst du aber mit ganz kleinen Schritten schon zu Hause anfangen. Wie wäre es, täglich nur zwei Minuten lang eine Kräftigungsübung wie Kniebeugen, Ausfallschritte, Liegestütze oder Planks auszuführen? Jede beliebige Übung kann eine Option sein. In meinem »Selbstbewusst gesund«-Journal für deine Tagesroutinen kann das eine Aktion sein, die du wählen könntest. Und nicht vergessen: Von nichts kommt nichts, und jedes kleine bisschen zählt.

5. Be real about yourself: Stehe zu deinen Wünschen und Grenzen

Das ist wohl der wichtigste Aspekt von allen. Unser Umfeld, die Gesellschaft, erlernte und angenommene Glaubenssätze machen es uns vielleicht schwer – aber die wichtigste Tatsache ist, dass du entscheiden darfst, wie du dein Leben lebst. Gewisse Umstände können wir nicht ändern. Manche Menschen genießen Privilegien, von denen andere nur träumen können. Wir dürfen jedoch alle selbst entscheiden, wie wir dem Leben entgegentreten möchten. Lebe authentisch, in jeder Hinsicht!

Entscheide dich für einen Lebensstil, der zu dir und deinem Wesen passt. Stehe zu deinen Bedürfnissen, lerne, deine Grenzen zu kommunizieren. Du bist die Nummer 1 in deinem Leben und niemand wird kommen, um dich zu retten.

Authentizität ist das größte Geschenk, neben unserer Gesundheit und einem funktionierenden Körper und Geist. Was bedeutet authentisch zu leben für dich? Was müsste sich verändern, was müsstest du loslassen, um (noch) authentischer leben und erleben zu dürfen?

Stehe zu dir und baue Disziplin auf, um es dir zu beweisen. Es geht am Ende des Tages um dich und nicht darum, was andere Menschen von dir halten und denken. Und vielleicht inspirierst du ja die anderen und zeigst vor, wie es geht.

Unterschätze dein Potenzial nicht. Unterschätze nicht, wozu du fähig bist, egal wie alt du bist und wo du aktuell im Leben stehst.

Stehe zu deiner Ernährung, stehe zu deinen Routinen, stehe zu deinen Limits und deinen Bedürfnissen. Handle danach und werde Schritt für Schritt zu der Person, die du immer werden wolltest. Bleib dabei integer und ehrlich, vor allem aber aufrichtig zu dir selbst.

Selbstbewusst gesund: das Journal für deine Routinen

Mein »Selbstbewusst gesund«-Journal ist eine Einladung, dich 30 Tage lang mit deinen Bedürfnissen und Gewohnheiten auseinanderzusetzen. Anders als beim Lifestyle-Protokoll geht es hier vor allem um deine Routinen – morgens, tagsüber und abends. Du entscheidest, was täglich zu deiner Routine gehören soll. Das Tolle daran ist, dass du dich nicht gezwungen fühlen musst, tagtäglich dieselben Sachen unterzubringen, denn das ist unrealistisch. Dennoch fängt Selbstfürsorge damit an, dass du dir für Dinge, die dir wichtig sind und guttun, achtsam und konsequent Zeit nimmst. Zu jedem Bereich gebe ich Vorschläge und Ideen. Du suchst dir das aus, was gerade passt und sich gut anfühlt. Dabei ist zu beachten, dass es dazugehört, dass es an dem einen oder anderen Tag nicht immer hinhauen wird. Bei der täglichen Bewegung ist es einmal vielleicht ein 45-Minuten-Training, an einem anderen Tag schaffst du deine Schritte und die Zwei-Minuten-Challenge. Hierbei geht es darum, dass du lernst, deine Versprechen gegenüber dir selbst einzuhalten. Wenn dir auffällt, dass du bestimmte Aufgaben immer wieder aufschiebst, solltest du dich fragen, ob du das betreffende Ziel nicht doch zu hoch angesetzt hast. Schraube dann die Erwartungen etwas herunter oder kürze deine Routine und probiere es dann wieder weiter.

Der Vorteil von Routinen ist, dass sie deinen Tag sanft umrahmen und ihm klare Konturen verleihen. Du wirst merken, dass sich deine Schlafqualität erheblich verbessern wird. Eine konsequente bzw. angepasste Abendroutine signalisiert dem Körper, dass es Zeit ist, sich auf den Schlaf vorzubereiten, was zu gesünderem und tieferem Schlaf führen kann. Sowohl Morgen- als auch Abendroutinen können weiters dazu beitragen, Stress zu reduzieren, indem sie eine vorhersehbare und beruhigende Struktur in den Tag bringen.

Eine Morgenroutine kann auch helfen, den Tag produktiver zu beginnen, indem sie einen klaren Fokus und Ziele setzt. Allgemein helfen dir Routinen dabei, deine Zeit effektiver zu nutzen, und sie können das Gefühl von Zeitdruck verringern.

Routinen können daher zur Stabilisierung deiner Stimmung beitragen und sind oft ein wichtiger Bestandteil der Behandlung von psychischen Erkrankungen wie Depression und Angststörungen. Darüber hinaus kann eine Morgenroutine gesunde Gewohnheiten wie Bewegung und eine ausgewogene Ernährung unterstützen, während eine Abendroutine helfen kann, problematische Gewohnheiten wie (zu) spätes Essen oder ein Übermaß an Bildschirmzeit zu vermeiden.

Regelmäßige Routinen können ein allgemeines Gefühl des Wohlbefindens fördern, indem sie für Ordnung und Struktur im täglichen Leben sorgen. Du hast etwas, an dem du dich festhalten kannst. Das gibt dir Sicherheit und Selbstbewusstsein, solange es nicht in eine Zwanghaftigkeit umschlägt.

Ich persönlich habe vor einiger Zeit meine Routinen, vor allem meine Morgenroutine, umgestellt und es verleiht mir so viel Leichtigkeit und Dankbarkeit – ohne stundenlange Rituale, die mich eigentlich stressen würden. Ich fühle mich dadurch gelassener, friedlicher und schaffe viel mehr als vorher. Routinen und halb fixe (flexibility is the key) Rituale geben Sicherheit und eine klare Richtung vor. Routinen katapultieren mich in einen natürlichen Flow – und der Flow-Zustand ist etwas sehr Mächtiges.

Ich habe verstanden, was mein persönlicher Rhythmus ist. Das heißt, ich habe erkannt, zu welchen Zeiten ich besonders aktiv und produktiv bin, wann ich mich eher kreativen Projekten und Tätigkeiten widmen kann und wann es Zeit für Rückzug und Ruhe oder Schlaf ist. Ich kenne meine Chronobiologie und habe kein schlechtes Gewissen mehr, wenn ich zu gewissen Zeiten bestimmte Dinge priorisiere oder aber nicht tun möchte.

Ich setze gesunde Grenzen für mich selbst und andere, damit ich meinem Flow folgen kann. Das klappt nicht immer, weil natürlich manchmal Termine oder nicht vorhersehbare Umstände dazwischenkommen, aber unterm Strich klappt das zu 80 Prozent der Zeit. Wenn ich meine eigenen Grenzen honoriere, steigen damit auch mein Selbstwertgefühl und meine Motivation.

Ich passe meine Routinen und Selbstfürsorgemaßnahmen an meine verfügbare Energie und Zeit an. Es gibt kein Alles-oder-nichts-Denken mehr.

Dinge, die mir bei meiner Morgenroutine wichtig sind, sind vor allem, dass ich immer fast zur selben Zeit aufstehe. Das ist ein hormoneller Vorteil und ich bin fitter, weil meine Zellen keinen Mini-Jetlag erleben müssen. Unregelmäßige Schlaf- und Aufstehzeiten können dazu führen, dass du dich müder und weniger ausgeschlafen fühlst. Danach kommt Stretching und allgemeines Mobilisieren meines Körpers, auch wenn es mal nur eine Übung für eine Minute ist, und ein Eintrag in mein Tagebuch, auch wenn es nur ein einzelner Satz oder eine Affirmation ist.

Ich mache mir recht bald in der Früh einen frischen Smoothie mit Banane, Proteinpulver oder Spielereien wie Kakao oder Pflanzenpulver, um auch gleich meine notwendigen Nahrungsergänzungen einzunehmen. Früher war ich eine Verfechterin des Intervallfastens und habe mein Frühstück durch Kaffee ersetzt. Das mache ich jetzt schon lange nicht mehr. Da es mir noch immer schwerfällt, etwas Festes zeitig in der Früh zu essen, hilft mir dieser Smoothie enorm. Ein weiterer Bonus dabei ist, dass meine Blutbefunde zeigen, dass meine Mikronährstoffdefizite schon fast eliminiert sind.

Ein letzter Punkt in meiner Morgenroutine ist schlussendlich noch, genug Zeit im Bad für meine Pflege und mein Tages-Make-up einzuplanen. Dafür stehe ich gerne 20 Minuten früher auf, denn wenn ich etwas hasse, dann Zeitdruck und Stress in der Früh.

Ein gesunder Start in den Tag

Eine realistische Morgenroutine sollte einfach zu befolgen sein und zu deinem Lebensstil passen. Wenn sie dich stresst, dann ist das keine gesunde Maßnahme – dennoch ist gerade anfangs etwas Disziplin gefragt. Von nichts kommt nichts. Hier sind einige nette Beispiele und Maßnahmen, die du in deine Morgenroutine integrieren kannst:

1. *Mit der Sonne aufwachen:* Versuche, jeden Tag zur gleichen Zeit aufzustehen, auch am Wochenende. Studien zeigen, dass ein regelmäßiger Schlaf-wach-Rhythmus den zirkadianen Rhythmus unterstützt und die Schlafqualität verbessern kann. Es ist übrigens nachgewiesen, dass du im Winter einen größeren Schlafbedarf hast, also hier auch kein Grund für ein schlechtes Gewissen.

2. *Wasser trinken:* Beginne deinen Tag mit einem Glas Wasser. Wasser am Morgen zu trinken, kann die Hydratation verbessern und den Stoffwechsel ankurbeln. Wir verlieren auch im Schlaf recht viel Wasser, das muss nachgeliefert werden. Ausreichende Flüssigkeitszufuhr stärkt deine Gehirnleistung und hilft, alle Systeme im Körper hochzufahren. Zimmerwarmes bzw. lauwarmes Wasser tut auf nüchternen Magen besonders gut. Wenn dir reines Wasser nicht so zusagt, kannst du auch ein paar Scheiben Zitrusfrüchte hinzugeben (Orange, Limette, Zitrone). Ein bisschen Geschmack macht Wasser häufig etwas leichter zu trinken.

3. *Meditation oder Atemübungen:* Widme einige Minuten der Meditation oder tiefen Atmung. Wenn dir eine Meditation zu abstrakt ist, kann ich empfehlen, dir für ein paar Minuten ganz bewusst, mit geschlossenen Augen vorzustellen, worauf du dich heute freust, wofür du dankbar bist oder wo du dich und dein Leben siehst. Praktiziere also bewusstes Tagträumen. Es ist bekannt, dass Meditation Stress reduzieren und das Wohlbefinden steigern kann.

4. *Leichte Bewegung:* Ein kurzes Work-out, Yoga oder ein Spaziergang am Morgen können die Durchblutung fördern und die Stimmung verbessern. Bewegung am Morgen hat positive Auswirkungen auf Energie und Stimmung, wie in verschiedenen Studien belegt wurde. Es muss kein stundenlanges Training sein – unterschätze nicht die Wirkung von fünf bis 15 Minuten pro Tag auf Dauer. Alles, was du konsequent täglich und regelmäßig machst, hat viel größere Auswirkungen, als du dir vorstellen kannst. Rufe dir hier auch die Zwei-Minuten-Challenge noch mal ins Gedächtnis. Wenn du einen Garten hast: Gehe doch mal für ein paar Minuten barfuß in die Wiese. Das hat ebenso positive Auswirkungen auf dein Nervensystem und deine innere Ruhe.

5. *Gesundes Frühstück:* Ein nahrhaftes Frühstück versorgt deinen Körper mit Energie und lebensnotwendigen Nährstoffen. Forschungen bestätigen, dass ein gesundes Frühstück die geistige Funktion und die allgemeine Leistungsfähigkeit steigern kann. Abgesehen davon hilft ein ausgewogenes Frühstück mit genug Eiweiß und Ballaststoffen, Heißhungerattacken im Laufe des Tages zu eliminieren.

6. *Tagesplanung:* Überprüfe deinen Zeitplan und setze Prioritäten. Planung kann helfen, Stress zu reduzieren und die Produktivität zu steigern, wie in Studien zur Zeitmanagementstrategie festgestellt wurde. Ob du das digital mit einem Kalender machst oder analog, ist ganz egal. Ich mache das übrigens doppelt. Abends schreibe ich mir auf, was ich mir vornehme, und morgens schaue ich noch mal über meinen Plan und passe Details an, falls ich mir doch zu viel vorgenommen habe. Einmal pro Woche kannst du dir ebenso einen Wochenplan erstellen. Dasselbe gilt übrigens auch für die Ernährung – es ist recht praktisch, zu wissen, was du im Groben kochen möchtest, wann du eventuell essen gehst und was eingekauft werden muss. Das spart Zeit und Geld.

7. *Persönliche Pflege:* Eine morgendliche Pflegeroutine kann das Selbstwertgefühl und Wohlbefinden steigern. Studien im Bereich der Selbstfürsorge zeigen, dass Routinen wie Duschen und Zähneputzen positive psychologische Effekte haben können. Für mich ist mein Make-up ein Ritual, das ich für mich mache, also ganz egal ob ich an dem Tag in die Öffentlichkeit gehe oder nicht. Dein Körper verdient Aufmerksamkeit, egal in welcher Form. Wenn du beispielsweise mehr für dein Gewebe machen möchtest, können tägliches kurzes Trockenbürsten und Gesichtsmassagen richtig gut helfen und schnell sichtbare Unterschiede schenken, ohne dass man ständig in teure Kosmetik investieren muss.

8. *Positives Denken:* Beginne deinen Tag mit einer positiven Affirmation oder einer Übung, die deine Stimmung hebt. Schreibe auf, worauf du dich freust, worauf du stolz bist, was du an deinem Leben und deiner Person magst. Forschungen deuten darauf hin, dass positive Selbstgespräche die mentale Gesundheit verbessern können. Hier sind ein paar Beispiele für schöne Affirmationen:
   - Ich bin stark, fähig und selbstbewusst!
   - Jeder Tag bringt neue Möglichkeiten!
   - Ich verdiene Glück und Erfolg!
   - Ich bin dankbar für das, was ich habe, und freue mich auf das, was kommen wird!
   - Ich überwinde Herausforderungen mit Zuversicht und Ruhe!
   - Ich bin ein Magnet für positive Erfahrungen und Chancen!
   - Ich lerne und wachse jeden Tag!
   - Ich bin umgeben von Liebe und Unterstützung!
   - Meine Gedanken und Worte sind voller Positivität und Kraft!
   - Ich bin die Architektin bzw. der Architekt meines Lebens; ich baue seine Grundlagen und wähle seinen Inhalt!

9. *Digital Detox:* Versuche, die erste halbe Stunde (oder länger) des Tages ohne Handy oder Computer zu verbringen. Studien zeigen, dass zu viel Bildschirmzeit, besonders am Morgen, Stress

und Angst fördern kann. Außerdem hat das sofortige »Checken« von Social Media und Co. Konsequenzen für deine Dopamin-Bilanz. Dopamin ist ein Neurotransmitter, der im Zusammenhang mit Belohnung und Vergnügen steht. Ständige Reize durch das Handy, wie etwa soziale Medien, Spiele oder Nachrichten, können zu einer Überstimulation der Dopamin-Produktion führen. Dies kann die Konsequenz haben, dass das Gehirn an dieses hohe Dopamin-Level gewöhnt wird. Und wenn das Gehirn regelmäßig diesen hohen Mengen an ausgeschüttetem Dopamin ausgesetzt wird, kann es seine Empfindlichkeit gegenüber diesem Neurotransmitter verringern. Das bedeutet, dass alltägliche Aktivitäten, die dir normalerweise Vergnügen bereiten, immer weniger befriedigend sein können. Du musst dir deinen Dopamin-Haushalt wie ein Glas mit Wasser vorstellen: Wenn du es gleich zu Tagesbeginn hinunterkippst, dann wirst du im Laufe des Tages wahrscheinlich immer durstiger und kannst dadurch Schwierigkeiten bei der Konzentration und Fokussierung auf zu erledigende Aufgaben bekommen. Das kann das Aufschieben von wichtigen Angelegenheiten begünstigen. Darüber hinaus kann eine übermäßige Handy-Nutzung langfristig sogar zu Veränderungen in den Gehirnstrukturen führen, die für die Belohnungsverarbeitung und Entscheidungsfindung zuständig sind.

Nimm dir lieber ein paar Minuten für Aktivitäten, die dir anderweitig Freude bereiten. Selbstfürsorge und das Setzen von persönlichen Grenzen sind entscheidend für das psychische Wohlbefinden, wie in verschiedenen psychologischen Studien belegt wurde.

Indem du diese Elemente in deine Morgenroutine einbaust, kannst du deinen Tag mit Energie, Fokus und einem Gefühl des Glücklichseins beginnen. Denke daran, dass es wichtig ist, eine Routine zu finden, die nicht nur funktioniert, sondern auch Spaß macht und dich erfüllt. In meinem »30 Tage selbstbewusst gesund«-Journal kannst du dir von jedem Bereich etwas aussuchen. Das darf auch von Tag zu Tag variieren, je nachdem, wie deine Laune und Kapazitäten aussehen.

Den Tag entspannt ausklingen lassen

Eine Abendroutine ist sehr ähnlich wie eine Morgenroutine. Grundsätzlich kannst du zum Teil dieselben Maßnahmen wählen, jedoch hat unser Körper abends andere Bedürfnisse als am Morgen. Es geht darum, den Tag abzuschließen und dich sanft auf die Nachtruhe vorzubereiten. Egal wie dein Tag war, du hast es verdient, ihn positiv und mit Wertschätzung zu beenden.

Damit wir einen guten, erholsamen Schlaf genießen können, gibt es einige Maßnahmen, die ich dir vorstellen möchte. Wie auch bei der Morgenroutine ist wichtig, zu beachten, dass es nicht darum geht, möglichst viel oder alles zu schaffen, sondern dir bewusst Zeit zu nehmen, egal wie lange oder kurz das sein mag. Ein paar der folgenden Punkte sind jedoch maßgeblich für eine gute Regeneration:

1. *Mit der Sonne zur Ruhe kommen:* Wenn möglich, genieße die letzten Sonnenstrahlen oder Lichtspiele der Abendsonne und versuche, die sehr hellen Lichter und Bildschirme zu dimmen. Schaffe eine beruhigende Atmosphäre. Zünde eine Kerze an oder verwende indirekte, warme Beleuchtung, um eine gemütliche Umgebung zu schaffen. Das sanfte Licht kann dazu beitragen, dass dein Geist zur Ruhe kommt. Überlege auch, entspannende Musik oder Naturgeräusche im Hintergrund zu spielen, um ein ruhevolles Ambiente zu erzeugen. Wenn es dir möglich ist, verbringe einige Zeit draußen und genieße die frische Luft und Ruhe der Natur, um dich vom Trubel des Tages zu erholen. Unser Körper folgt einem natürlichen 24-Stunden-Zyklus, bekannt als der zirkadiane Rhythmus. Dieser Rhythmus wird stark durch Licht beeinflusst. Natürliches Licht am Abend hilft dem Körper, Melatonin zu produzieren, ein Hormon, das für den Schlaf wichtig ist. Indem wir uns der Abendsonne aussetzen, signalisieren wir dem Körper, dass der Tag zu Ende geht, und bereiten ihn auf die Nacht vor. Das Sonnenlicht fördert die Freisetzung von Serotonin, einem Hormon, das eng mit positiver Stimmung und einem allgemeinen Gefühl des Glücks verknüpft ist. Daher kann ein entspannender Abendspaziergang in der Sonne dazu beitragen, die Laune zu verbessern und Stress zu verringern.

2. *Digital Detox:* Wenn wir uns schon mit dem natürlichen Licht auf die Nachtruhe einstimmen, macht es Sinn, das künstliche Licht zu reduzieren. Ich spreche hier von der Bildschirmzeit – also der Zeit, die wir mit Handy, Laptop, Tablet und Co. verbringen. Versuche, zwei Stunden vor dem Zubettgehen auf Handy und Co. zu verzichten. Wenn es dir anfangs zu schwerfällt – fange mit einem Limit an, das für dich realistisch ist. Ich habe selbst so meine Probleme damit, das gebe ich offen zu. Manchmal kreisen die Gedanken, wir möchten uns ablenken oder der Griff zu Instagram und Co. ist einfach schon Routine geworden. Auch das können wir aber ändern und verbessern. Dein Gehirn ist den ganzen Tag damit beschäftigt, die vielen Tausend Eindrücke zu verarbeiten – sich hintereinander Hunderte Videos auf TikTok oder Unmengen an Reels anzusehen, ist dann nicht unbedingt förderlich, das müssen wir einfach einsehen. Wir verpassen alle ganz sicher nichts bis zum nächsten Tag! Wozu kannst du dich überreden? Probieren wir es doch einfach mit 30 Minuten und bauen es Woche für Woche um fünf Minuten aus.

3. *Beruhigende Getränke:* Es macht Sinn, die Getränke, die du am Abend trinkst, mit Bedacht zu wählen. Anregende, aufputschende Getränke können einen Effekt auf deine Schlafqualität haben. Vermeide koffeinhaltige Getränke wie Kaffee, Tee oder bestimmte Softdrinks am Abend, da Koffein die Schlafqualität beeinträchtigen kann. Koffein hat eine Halbwertszeit von etwa drei bis fünf Stunden, was bedeutet, dass es etwa so lange dauert, bis die Hälfte des Koffeins im Körper abgebaut wird. Allerdings kann die Gesamtdauer für den vollständigen Abbau länger sein, abhängig von individuellen Faktoren wie Alter, Körpergewicht und Stoffwechselrate. Wenn du in der späteren Tageshälfte trotzdem Lust auf Kaffee hast, würde ich auf eine koffeinfreie Sorte ausweichen.

4. Warme Getränke wie Kräutertees beruhigen dich und erweitern deine Gefäße, was dich etwas müder macht. Ähnlich, wie du es auch von einem Vollbad kennst. Außerdem kann ein abendliches

Teeritual ein schöner, achtsamer Moment sein, um den Tag Revue passieren zu lassen und weitere Punkte einer möglichen Abendroutine zu genießen.

5. Im Unterschied zu vielen Teesorten kann Alkohol den Schlaf stören und zu Dehydrierung führen. Dein Körper muss hart arbeiten, um Alkohol abzubauen, da er ja ein Nervengift ist. Wenn Alkohol in deinem Organismus präsent ist, bleiben andere Regenerationsprozesse auf der Strecke. Sei hier also achtsam. Alkohol kann auch zu einem erhöhten Ruhepuls führen und einen Einfluss auf dein Nervensystem haben – alles Aspekte, die deine Erholung negativ beeinflussen.

6. Wenn du eine schwächere bzw. kleinere Blase hast, würde ich auf die Menge achten, damit du nachts nicht vom Harndrang gequält wirst. Dennoch ist zu bedenken, dass sich der Körper nach und nach auch an eine erhöhte bzw. verbesserte Flüssigkeitszufuhr gewöhnen wird.

7. *Achtsamkeitsübungen:* Auch Tagebuchschreiben oder Achtsamkeitsübungen können dir helfen, die Ereignisse des Tages zu verarbeiten und Sorgen abzulegen. Dazu gibt es in meinem Journal auch einen eigenen Platz. Atemübungen und geführte Meditationen (davon findest du auch jede Menge im Netz bzw. in diversen Apps) helfen ebenso, den Tag abzuschließen. Ich frage mich immer gerne, was meine Highlights des Tages waren. Wann habe ich gelacht oder mich gefreut? Worauf bin ich besonders stolz und wofür bin ich dankbar? Egal wie stressig oder herausfordernd der Tag war, es gibt immer etwas Schönes bzw. Positives zu verzeichnen. Je häufiger du diese Übung machst, desto empfänglicher wirst du auch für Glück und schöne Erlebnisse.

8. *Leichtes Abendessen:* Auch mit dem richtigen Essen kannst du den Tag positiv abschließen. Eine angepasste letzte Mahlzeit kann

wichtig sein, um deine Verdauung zu entlasten und trotzdem deine unentbehrlichen Nährstoffdepots aufzutanken. Zu spätes und üppiges (sowie zu schnell verzehrtes) Essen kann zu einem Unwohlsein führen. Wenn du dich abends oft träge oder aufgebläht vom Essen fühlst, kann das der Grund sein. Dein Schlaf profitiert auch davon, wenn währenddessen keine Überstunden für die Verdauung geleistet werden müssen. Auch wenn du zu Sodbrennen und einem unruhigen Schlaf neigst, ist ein leichtes, frühes Abendessen womöglich besser für dich. Wenn es sich zeitlich nicht ausgeht, früher zu essen, ist es erst recht ratsam, entsprechend leichtere Kost einzunehmen. Hier sind ein paar Beispiele für leichte Gerichte (einzelne Zutaten hängen von den individuellen Bedürfnissen und Verträglichkeiten ab):

- *Salate mit hochwertigen, leichten Eiweißquellen:* Eine Kombination aus frischen Gemüsesorten mit einem leichten Protein wie gegrilltem Tofu, Tempeh oder Hühnchen bietet Sättigung, ohne zu schwer im Magen zu liegen.
- *Gemüsesuppen:* Eine klare oder pürierte Gemüsesuppe ist nahrhaft und leicht verdaulich. Zutaten wie Kokosmilch können für aromatische Abwechslung sorgen.
- *Leichte Proteinquellen mit Gemüse:* Ein gedünsteter bzw. gebratener Fisch oder Ähnliches mit einer Beilage aus gedämpftem Gemüse ist eine gesunde, leicht verdauliche Option, wenn du Fisch isst. Sonst ist Ofengemüse plus passende Eiweißquellen immer eine tolle Option.
- *Quinoa-, Hirse- oder Couscous-Salat:* Diese Körner bzw. Samen sind leicht und bieten eine gute Basis für einen nahrhaften Salat.
- *Omelett mit Gemüse:* Eier sind eine gute Proteinquelle und in Kombination mit Gemüse und Kräutern wird das Gericht nahrhaft, aber nicht zu schwer.

9. *Sanfte Bewegung:* Yoga oder leichte Dehnungen können dir abends ebenso helfen, körperliche Anspannung abzubauen. Auch ein leichtes Training im Fitnessstudio kann guttun, wenn du erst

am Abend zum Krafttraining kommst. Achte aber darauf, dass du dich nicht allzu sehr verausgabst, denn das kann dich am Abend etwas aufgekratzt und unruhig werden lassen. In deine Dehn- oder Mobilitätsübungen kannst du gleich bewusste Atemübungen einbauen, um die Bewegung noch achtsamer und wohltuender zu gestalten. Mach dir keinen Stress, wie lange die Bewegung dauern muss. Jede Minute ist wertvoll und tut gut.

10. *Verwöhne dich:* Anschließend könntest du dir eine Dusche oder ein Vollbad gönnen. Warmes Wasser kann Verspannungen lösen und ist eine wohltuende Vorbereitung auf den Schlaf. Zusätze wie ätherische Öle oder Badesalze können das Erlebnis noch angenehmer machen. Wenn dir deine Haut und deine Gelenke wichtig sind, massiere deinen Körper mit wohltuenden Ölen oder Cremes. Deine Arme, Beine, Finger und Füße leisten jeden Tag so viel, sie verdienen etwas mehr Aufmerksamkeit. Auch das Gesicht freut sich über eine manuelle Massage, die zusätzlich noch den Effekt hat, Falten und Verspannungen zu verringern. Ich habe die Erfahrung gemacht, dass ein entspanntes Gesicht auch mein Gemüt entspannt, daher ist das ein ganz fixer Punkt in meiner Abendroutine. Fünf Minuten können bereits ausreichen.

11. Du hast es verdient, den Dingen nachzugehen, die dir wichtig sind. Lies ein Buch oder lass dich von einem Hörbuch in eine andere Welt entführen. Auch Podcasts sind praktisch, wenn deine Augen sich nicht mehr so sehr anstrengen möchten. Ich habe bereits die Wichtigkeit von Dingen, die wir in der Kindheit geliebt haben, skizziert. Vielleicht möchtest du ja auch für fünf bis zehn Minuten etwas malen, häkeln, singen oder tanzen. Alles ist erlaubt. Hauptsache, du nimmst dir Zeit für das, was dir inneren Frieden und Glück gibt.

12. *Planung für den nächsten Tag:* Bereite dir deine Kleidung oder Mahlzeiten für den nächsten Tag vor, um Stress am Morgen zu vermeiden und dich dann nicht mehr darum kümmern zu müssen.

Was kannst du am Abend erledigen, damit dein Zukunfts-Ich es leichter hat? Wie könntest du für den nächsten Tag Stress reduzieren? Wenn wir vorab Entscheidungen treffen, tun wir uns in der Zukunft leichter mit unseren Vorhaben. Du musst nicht unbedingt fünf Mahlzeiten vorkochen, aber es kann helfen, gewisse Zutaten wie Obst und Gemüse herzurichten und vorzuschneiden. Ein Salat ist ebenso schnell zusammengeworfen. Ich mache das gerne, während für das Abendessen gekocht wird, denn dann herrscht ja schon etwas mehr Unordnung in der Küche. Unterschätze auch nicht, wie hilfreich es ist, die Gedanken oder To-dos für den nächsten Tag irgendwo zu deponieren. Schreib sie dir von der Seele. Es ist zwar schön und gut, dass du alles im Kopf hast, das ist aber unnötiger mentaler Ballast. Ich verwende am liebsten die Aufgaben-Funktionen im Google-Kalender, aber das liegt wohl daran, dass ich gerne Sachen abhake. Vielleicht bist du ja auch so ein Typ, probiere es aus!

Es ist so weit, wir kommen zum »*Selbstbewusst gesund*«-*Journal*! Bei diesem Journal geht es explizit um deine Morgen- und Abendroutine. Zusätzlich kannst du natürlich das Lifestyle-Protokoll, welches du über den QR-Code herunterladen kannst, verwenden.

Du suchst dir aus, was du bei den jeweiligen Punkten angehen möchtest, wie viel du davon machen möchtest oder wie lange. Es gibt morgens und abends eine Frage zum Reflektieren und Nachdenken, versuche, dir auch dafür ein paar Minuten Zeit zu nehmen.

Und nicht vergessen: Es gibt kein Richtig oder Falsch, Perfektion ist eine Illusion. Viel Spaß beim Journal und freu dich auf viele achtsame Momente, Erkenntnisse und persönliches Wachsen!

Journal

30 TAGE SELBSTBEWUSST GESUND

Journal

30 TAGE SELBSTBEWUSST GESUND

DATUM: ○MO ○DI ○MI ○DO ○FR ○SA ○SO

Heute freue ich mich auf:

Meine Morgenroutine

1.

2.

3.

4.

5.

6.

Was bin ich bereit, heute für meine Gesundheit zu tun?

Journal

30 TAGE SELBSTBEWUSST GESUND

DATUM: ○MO ○DI ○MI ○DO ○FR ○SA ○SO

Dafür bin ich heute dankbar:

Meine Abendroutine

1.

4.

2.

5.

3.

6.

Wofür möchte ich mir heute richtig fest auf
die Schulter klopfen?

Journal

30 TAGE SELBSTBEWUSST GESUND

DATUM: ○MO ○DI ○MI ○DO ○FR ○SA ○SO

Heute freue ich mich auf:

Meine Morgenroutine

1\.

2\.

3\.

4\.

5\.

6\.

Für welche drei Dinge bin ich heute gewillt, dankbar zu sein?

Journal

30 TAGE SELBSTBEWUSST GESUND

DATUM: ○MO ○DI ○MI ○DO ○FR ○SA ○SO

Dafür bin ich heute dankbar:

Meine Abendroutine

1.
2.
3.
4.
5.
6.

Welche Lektionen habe ich heute gelernt?

Journal

30 TAGE SELBSTBEWUSST GESUND

DATUM: ○MO ○DI ○MI ○DO ○FR ○SA ○SO

Heute freue ich mich auf:

Meine Morgenroutine

1.
2.
3.
4.
5.
6.

Was ist heute mein wichtiges Ziel?

Journal

30 TAGE SELBSTBEWUSST GESUND

DATUM: ○MO ○DI ○MI ○DO ○FR ○SA ○SO

Dafür bin ich heute dankbar:

Meine Abendroutine

1.
2.
3.
4.
5.
6.

In welchem bereich habe ich heute Fortschritte gemacht?

Journal

30 TAGE SELBSTBEWUSST GESUND

DATUM: ○MO ○DI ○MI ○DO ○FR ○SA ○SO

Heute freue ich mich auf:

Meine Morgenroutine

1.
2.
3.
4.
5.
6.

Wie kann ich heute Achtsamkeit in meine Routine integrieren?

Journal

30 TAGE SELBSTBEWUSST GESUND

DATUM: ○MO ○DI ○MI ○DO ○FR ○SA ○SO

Dafür bin ich heute dankbar:

Meine Abendroutine

1.

2.

3.

4.

5.

6.

Gab es heute Herausforderungen,
und wie bin ich damit umgegangen?

Journal

30 TAGE SELBSTBEWUSST GESUND

DATUM: ○MO ○DI ○MI ○DO ○FR ○SA ○SO

Heute freue ich mich auf:

Meine Morgenroutine

1.

4.

2.

5.

3.

6.

Welche positive Affirmation passt heute zu mir?

Journal

30 TAGE SELBSTBEWUSST GESUND

DATUM: ○MO ○DI ○MI ○DO ○FR ○SA ○SO

Dafür bin ich heute dankbar:

Meine Abendroutine

1.
2.
3.
4.
5.
6.

Wie habe ich heute für mein Wohlbefinden gesorgt?

Journal

30 TAGE SELBSTBEWUSST GESUND

DATUM: ○MO ○DI ○MI ○DO ○FR ○SA ○SO

Heute freue ich mich auf:

Meine Morgenroutine

1.

4.

2.

5.

3.

6.

Wie kann ich heute aktiv auf meine Bedürfnisse achten?

Journal

30 TAGE SELBSTBEWUSST GESUND

DATUM: ○MO ○DI ○MI ○DO ○FR ○SA ○SO

Dafür bin ich heute dankbar:

Meine Abendroutine

1.
4.
2.
5.
3.
6.

In welchen Momenten war ich heute ganz bei mir?

Journal

30 TAGE SELBSTBEWUSST GESUND

DATUM: ○MO ○DI ○MI ○DO ○FR ○SA ○SO

Heute freue ich mich auf:

Meine Morgenroutine

1.

2.

3.

4.

5.

6.

Was ist heute meine größte Herausforderung,
und wie gehe ich damit um?

Journal
30 TAGE SELBSTBEWUSST GESUND

DATUM: ○MO ○DI ○MI ○DO ○FR ○SA ○SO

Dafür bin ich heute dankbar:

Meine Abendroutine

1.
2.
3.
4.
5.
6.

Welche Gefühle habe ich heute erlebt und warum?

Journal

30 TAGE SELBSTBEWUSST GESUND

DATUM: ○MO ○DI ○MI ○DO ○FR ○SA ○SO

Heute freue ich mich auf:

Meine Morgenroutine

1.
2.
3.
4.
5.
6.

Wie kann ich heute meine Kreativität ausleben?

Journal

30 TAGE SELBSTBEWUSST GESUND

DATUM: ○MO ○DI ○MI ○DO ○FR ○SA ○SO

Dafür bin ich heute dankbar:

Meine Abendroutine

1.
2.
3.
4.
5.
6.

Was habe ich heute über meine Grenzen gelernt?

Journal

30 TAGE SELBSTBEWUSST GESUND

DATUM: ○MO ○DI ○MI ○DO ○FR ○SA ○SO

Heute freue ich mich auf:

Meine Morgenroutine

1.
2.
3.
4.
5.
6.

Was inspiriert mich heute?

Journal

30 TAGE SELBSTBEWUSST GESUND

DATUM: ○MO ○DI ○MI ○DO ○FR ○SA ○SO

Dafür bin ich heute dankbar:

Meine Abendroutine

1.

2.

3.

4.

5.

6.

Wie habe ich heute zu meiner psychischen Gesundheit beigetragen?

Journal

30 TAGE SELBSTBEWUSST GESUND

DATUM: ○MO ○DI ○MI ○DO ○FR ○SA ○SO

Heute freue ich mich auf:

Meine Morgenroutine

1.
2.
3.
4.
5.
6.

Wie kann ich heute einen Unterschied
in meinem Umfeld machen?

Journal

30 TAGE SELBSTBEWUSST GESUND

DATUM: ○MO ○DI ○MI ○DO ○FR ○SA ○SO

Dafür bin ich heute dankbar:

Meine Abendroutine

1.
2.
3.
4.
5.
6.

Was hätte ich heute besser machen können?

Journal

30 TAGE SELBSTBEWUSST GESUND

DATUM: ○MO ○DI ○MI ○DO ○FR ○SA ○SO

Heute freue ich mich auf:

Meine Morgenroutine

1.

2.

3.

4.

5.

6.

Auf welche Weise möchte ich heute wachsen?

Journal

30 TAGE SELBSTBEWUSST GESUND

DATUM: ○MO ○DI ○MI ○DO ○FR ○SA ○SO

Dafür bin ich heute dankbar:

Meine Abendroutine

1.
2.
3.
4.
5.
6.

Wie habe ich heute Achtsamkeit praktiziert?

Journal
30 Tage selbstbewusst gesund

DATUM: ○MO ○DI ○MI ○DO ○FR ○SA ○SO

Heute freue ich mich auf:

Meine Morgenroutine

1.

2.

3.

4.

5.

6.

Was würde mein ideales Ich heute tun?

Journal

30 TAGE SELBSTBEWUSST GESUND

DATUM: ○MO ○DI ○MI ○DO ○FR ○SA ○SO

Dafür bin ich heute dankbar:

Meine Abendroutine

1.
2.
3.
4.
5.
6.

Welche Gedanken oder Überzeugungen haben mich heute beeinflusst?

Journal

30 TAGE SELBSTBEWUSST GESUND

DATUM: ○MO ○DI ○MI ○DO ○FR ○SA ○SO

Heute freue ich mich auf:

Meine Morgenroutine

1.
2.
3.
4.
5.
6.

Wie kann ich heute Selbstfürsorge praktizieren?

Journal

30 TAGE SELBSTBEWUSST GESUND

DATUM: ○MO ○DI ○MI ○DO ○FR ○SA ○SO

Dafür bin ich heute dankbar:

Meine Abendroutine

1.
2.
3.
4.
5.
6.

Wie habe ich heute zu meinen Beziehungen beigetragen?

Journal
30 TAGE SELBSTBEWUSST GESUND

DATUM: ○MO ○DI ○MI ○DO ○FR ○SA ○SO

Heute freue ich mich auf:

Meine Morgenroutine

1.

2.

3.

4.

5.

6.

Welche körperliche Aktivität plane ich heute?

Journal

30 TAGE SELBSTBEWUSST GESUND

DATUM: ○MO ○DI ○MI ○DO ○FR ○SA ○SO

Dafür bin ich heute dankbar:

Meine Abendroutine

1.
2.
3.
4.
5.
6.

Gab es Momente der Selbstzweifel oder Selbstkritik, und wie bin ich damit umgegangen?

Journal

30 TAGE SELBSTBEWUSST GESUND

DATUM: ○MO ○DI ○MI ○DO ○FR ○SA ○SO

Heute freue ich mich auf:

Meine Morgenroutine

1.
2.
3.
4.
5.
6.

Wie kann ich heute offen und ehrlich mit mir selbst sein?

Journal

30 TAGE SELBSTBEWUSST GESUND

DATUM: ○MO ○DI ○MI ○DO ○FR ○SA ○SO

Dafür bin ich heute dankbar:

Meine Abendroutine

1.
2.
3.
4.
5.
6.

Wie habe ich heute meine Stärken genutzt?

Journal
30 Tage Selbstbewusst Gesund

DATUM: ○MO ○DI ○MI ○DO ○FR ○SA ○SO

Heute freue ich mich auf:

Meine Morgenroutine

1.

2.

3.

4.

5.

6.

Was ist heute mein Mantra?

Journal

30 TAGE SELBSTBEWUSST GESUND

DATUM: ○MO ○DI ○MI ○DO ○FR ○SA ○SO

Dafür bin ich heute dankbar:

Meine Abendroutine

1.

2.

3.

4.

5.

6.

Was hat mir heute Freude bereitet?

Journal

30 TAGE SELBSTBEWUSST GESUND

DATUM: ○MO ○DI ○MI ○DO ○FR ○SA ○SO

Heute freue ich mich auf:

____

____

Meine Morgenroutine

1. ________________
2. ________________
3. ________________
4. ________________
5. ________________
6. ________________

Wie kann ich heute meine Stärken nutzen?

____

____

____

Journal

30 TAGE SELBSTBEWUSST GESUND

DATUM: ○MO ○DI ○MI ○DO ○FR ○SA ○SO

Dafür bin ich heute dankbar:

Meine Abendroutine

1\.

2\.

3\.

4\.

5\.

6\.

Welche Schritte habe ich heute auf meine Ziele hin unternommen?

Journal

30 TAGE SELBSTBEWUSST GESUND

DATUM: ○MO ○DI ○MI ○DO ○FR ○SA ○SO

Heute freue ich mich auf:

Meine Morgenroutine

1.
2.
3.
4.
5.
6.

In welchem Bereich möchte ich heute mehr lernen?

Journal

30 TAGE SELBSTBEWUSST GESUND

DATUM: ○MO ○DI ○MI ○DO ○FR ○SA ○SO

Dafür bin ich heute dankbar:

Meine Abendroutine

1.
2.
3.
4.
5.
6.

Wie bin ich heute mit Stress umgegangen?

Journal
30 TAGE SELBSTBEWUSST GESUND

DATUM: ○MO ○DI ○MI ○DO ○FR ○SA ○SO

Heute freue ich mich auf:

Meine Morgenroutine

1.

2.

3.

4.

5.

6.

Was macht mich heute glücklich?

Journal

30 TAGE SELBSTBEWUSST GESUND

DATUM: ○MO ○DI ○MI ○DO ○FR ○SA ○SO

Dafür bin ich heute dankbar:

Meine Abendroutine

1.

2.

3.

4.

5.

6.

Gab es einen Moment, in dem ich besonders achtsam war?

Journal

30 TAGE SELBSTBEWUSST GESUND

DATUM: ○MO ○DI ○MI ○DO ○FR ○SA ○SO

Heute freue ich mich auf:

Meine Morgenroutine

1.

2.

3.

4.

5.

6.

Wie kann ich heute eine positive Einstellung bewahren?

Journal

30 TAGE SELBSTBEWUSST GESUND

DATUM: ○MO ○DI ○MI ○DO ○FR ○SA ○SO

Dafür bin ich heute dankbar:

Meine Abendroutine

1.
2.
3.
4.
5.
6.

Wie habe ich heute meine Ernährung gestaltet?

Journal

30 TAGE SELBSTBEWUSST GESUND

DATUM: ○MO ○DI ○MI ○DO ○FR ○SA ○SO

Heute freue ich mich auf:

Meine Morgenroutine

1.

2.

3.

4.

5.

6.

Wie kann ich heute bewusst essen?

Journal

30 TAGE SELBSTBEWUSST GESUND

DATUM: ○MO ○DI ○MI ○DO ○FR ○SA ○SO

Dafür bin ich heute dankbar:

Meine Abendroutine

1.

2.

3.

4.

5.

6.

Gab es eine Situation, in der ich besonders dankbar war?

Journal

30 TAGE SELBSTBEWUSST GESUND

DATUM: ○MO ○DI ○MI ○DO ○FR ○SA ○SO

Heute freue ich mich auf:

Meine Morgenroutine

1\.

2\.

3\.

4\.

5\.

6\.

Welche Person oder welches Ereignis kann heute mein Lehrer sein?

Journal

30 TAGE SELBSTBEWUSST GESUND

DATUM: ○MO ○DI ○MI ○DO ○FR ○SA ○SO

Dafür bin ich heute dankbar:

Meine Abendroutine

1.

2.

3.

4.

5.

6.

Welche Schattenaspekte von mir sind heute aufgetreten?

Journal

30 TAGE SELBSTBEWUSST GESUND

DATUM: ○MO ○DI ○MI ○DO ○FR ○SA ○SO

Heute freue ich mich auf:

Meine Morgenroutine

1.

2.

3.

4.

5.

6.

Wie möchte ich heute meine Zeit verbringen?

Journal

30 TAGE SELBSTBEWUSST GESUND

DATUM: ○MO ○DI ○MI ○DO ○FR ○SA ○SO

Dafür bin ich heute dankbar:

Meine Abendroutine

1.

2.

3.

4.

5.

6.

Wie habe ich heute meine Kreativität ausgedrückt?

Journal

30 TAGE SELBSTBEWUSST GESUND

DATUM: ○MO ○DI ○MI ○DO ○FR ○SA ○SO

Heute freue ich mich auf:

Meine Morgenroutine

1.
2.
3.
4.
5.
6.

Was kann ich heute tun, um mein Wohlbefinden zu steigern?

Journal
30 TAGE SELBSTBEWUSST GESUND

DATUM: ○MO ○DI ○MI ○DO ○FR ○SA ○SO

Dafür bin ich heute dankbar:

Meine Abendroutine

1.

2.

3.

4.

5.

6.

Was hat mich heute inspiriert?

Journal

30 TAGE SELBSTBEWUSST GESUND

DATUM: ○MO ○DI ○MI ○DO ○FR ○SA ○SO

Heute freue ich mich auf:

Meine Morgenroutine

1.
2.
3.
4.
5.
6.

Wie kann ich heute meine Grenzen respektieren?

Journal

30 TAGE SELBSTBEWUSST GESUND

DATUM: ○MO ○DI ○MI ○DO ○FR ○SA ○SO

Dafür bin ich heute dankbar:

Meine Abendroutine

1.
2.
3.
4.
5.
6.

Welche gesunden Gewohnheiten habe ich heute praktiziert?

Journal
30 TAGE SELBSTBEWUSST GESUND

DATUM: ○MO ○DI ○MI ○DO ○FR ○SA ○SO

Heute freue ich mich auf:

Meine Morgenroutine

1.

2.

3.

4.

5.

6.

In welcher Weise kann ich heute dankbar für meinen Körper sein?

Journal

30 TAGE SELBSTBEWUSST GESUND

DATUM: ○MO ○DI ○MI ○DO ○FR ○SA ○SO

Dafür bin ich heute dankbar:

Meine Abendroutine

1.
2.
3.
4.
5.
6.

Wie war meine Beziehung zu meinem Körper heute?

Journal
30 TAGE SELBSTBEWUSST GESUND

DATUM: ○MO ○DI ○MI ○DO ○FR ○SA ○SO

Heute freue ich mich auf:

Meine Morgenroutine

1.
4.
2.
5.
3.
6.

Wie kann ich heute geduldig mit mir selbst sein?

Journal

30 TAGE SELBSTBEWUSST GESUND

DATUM: ○MO ○DI ○MI ○DO ○FR ○SA ○SO

Dafür bin ich heute dankbar:

Meine Abendroutine

1\.

2\.

3\.

4\.

5\.

6\.

In welchen Bereichen fühle ich mich unsicher, und wie kann ich daran arbeiten?

Journal

30 TAGE SELBSTBEWUSST GESUND

DATUM: ○MO ○DI ○MI ○DO ○FR ○SA ○SO

Heute freue ich mich auf:

Meine Morgenroutine

1.
2.
3.
4.
5.
6.

Was ist heute mein Fokus in Bezug auf Ernährung?

Journal

30 TAGE SELBSTBEWUSST GESUND

DATUM: ○MO ○DI ○MI ○DO ○FR ○SA ○SO

Dafür bin ich heute dankbar:

Meine Abendroutine

1.
2.
3.
4.
5.
6.

Was habe ich heute Neues über mich selbst erfahren?

Journal
30 TAGE SELBSTBEWUSST GESUND

DATUM: ○MO ○DI ○MI ○DO ○FR ○SA ○SO

Heute freue ich mich auf:

Meine Morgenroutine

1.
2.
3.
4.
5.
6.

Wie kann ich heute meine Beziehung pflegen?

Journal

30 TAGE SELBSTBEWUSST GESUND

DATUM: ○MO ○DI ○MI ○DO ○FR ○SA ○SO

Dafür bin ich heute dankbar:

Meine Abendroutine

1.

2.

3.

4.

5.

6.

Wie habe ich heute meine Zeit genutzt?

Journal

30 TAGE SELBSTBEWUSST GESUND

DATUM: ○MO ○DI ○MI ○DO ○FR ○SA ○SO

Heute freue ich mich auf:

Meine Morgenroutine

1.
2.
3.
4.
5.
6.

Was ist heute mein erster Schritt zu einem größeren Ziel?

Journal
30 TAGE SELBSTBEWUSST GESUND

DATUM: ○MO ○DI ○MI ○DO ○FR ○SA ○SO

Dafür bin ich heute dankbar:

Meine Abendroutine

1.

2.

3.

4.

5.

6.

Was nehme ich aus diesem Tag mit in den morgigen Tag?

Hier findest du das Lifestyle-Protokoll.
Jetzt scannen und gleich loslegen!

Ein neues Zeitalter der Achtsamkeit und Selbstakzeptanz

Andere Menschen mögen vielleicht einer anderen Meinung sein – ich bin jedoch optimistisch, dass sich in unserer Gesellschaft bereits ein Wandel erkennen lässt. Immer mehr Personen und Institutionen greifen die Notwendigkeit der Veränderung für die Themen Prävention, Gesundheit, Körperbild und mentale Gesundheit auf. Wir werden skeptischer und kritischer beim Konsumieren und lassen uns nicht mehr jeden Bären aufbinden. Dennoch wird es noch dauern, bis sich viele gesellschaftliche, soziale und strukturelle Hindernisse auflösen lassen, damit der Weg in eine achtsame und nachhaltige Gesellschaft möglich gemacht werden kann.

Bis dahin können wir als Individuum trotzdem einiges tun. Ich hoffe, dieses Buch hat den ein oder anderen Knopf gelöst und dich dazu ermutigt und inspiriert, die Kontrolle und Verantwortung über dein Wohlbefinden und deine Gesundheit selbstbestimmt zu übernehmen. Wir dürfen außerdem nie vergessen, dass wir selbst Inspirationsquellen und Vorbilder für andere sein können. Von unserem Umfeld wird uns zwar oft eingeredet, dass alles möglichst schnell gehen muss und dass wir am besten den Weg des geringsten Widerstands gehen sollen, da uns beispielsweise Diäten ja eine so »schnelle Abhilfe« verschaffen können – aber ich denke, wenn du dieses Buch und die Fragen zur Selbstreflexion achtsam und bewusst an dich herangelassen hast, dann hast du auch erkannt, dass gut Ding wirklich Zeit verdient.

Wir können nicht darauf warten, dass uns jemand rettet oder dass auf wundersame Weise alles von alleine anders wird und sich wandelt – wir sind der Wandel. *Be the change you want to see in this world!*

Vergib dir und den anderen für das, was war, und richte deinen Blick nach vorne. All diese alten Geschichten, Bewältigungsmechanismen und überholten Glaubenssätze dienen dir nicht (mehr) und können dir nicht helfen, zu der Version zu werden, die du dir wünschst und die du verdient hast zu sein. Nimm dich dieses Projekts an, denn es kann das schönste Projekt deines Lebens sein – dein Weg zu einem entspannten Essverhalten, Freude an der intuitiven Bewegung, achtsamem Selbstbewusstsein und gesunden Routinen und Maßnahmen aus Selbstliebe, Respekt und Akzeptanz.

Ich wünsche mir, dass immer mehr Stimmen mit größerer Reichweite die Notwendigkeit eines Umdenkens für die Gesundheit, das Selbstbild, die sozialen Normen und Strukturen laut und klar verbreiten. Ich wünsche mir, dass wir uns zusammentun können, um diskriminierende und veraltete Vorstellungen und Herangehensweisen abzuschaffen, damit das Individuum die Unterstützung und Bereicherung bekommt, die es verdient. Ich wünsche mir, dass sich die Bereiche der Psychologie, Medizin, Ernährungswissenschaften, Sportwissenschaften und Politik nähern, um miteinander statt gegeneinander zu arbeiten. Nenne mich ruhig naiv und überoptimistisch – welche andere Wahl haben wir? Ich bin nicht zufrieden mit dem Status quo und werde es weiterhin aussprechen und immer etwas tun, um eine nachhaltige, achtsame Veränderung in Bewegung zu setzen.

Bist du bereit?

Klopfe dir dafür auf die Schulter, dass du dich dieses Themas annimmst und bereit bist, diese Veränderung zu unterstützen. Veränderung ist nie einfach und anfangs oftmals beängstigend. Umso mehr freue ich mich für dich, dass du offenbar an einem Punkt angekommen bist, an dem du dir einen neuen Weg zutraust.

Ich wünsche dir viel Gesundheit, Geduld, Selbstbewusstsein und vor allem Spaß für deinen neuen Weg, fernab von toxischen Normen, Verzichts- und Mangeldenken.

You got this!
We got this!

Empfehlungen

Ich bin dafür bekannt, dass ich nicht an das Konzept von Konkurrenz glaube. Jeder Mensch hat einzigartige Gaben und eine unverwechselbare »Sprache«, die gewählt wird. Ich hoffe natürlich, möglichst viele Menschen erreichen und inspirieren zu können. Ich wünsche mir aber auch gleichzeitig, dass noch mehr Menschen eine ähnliche Botschaft verbreiten, denn alleine schaffe ich es nicht. Ich möchte hier ein paar Persönlichkeiten vorstellen, die meiner Meinung nach großartige Leistungen vollbracht haben und viel Mehrwert mit sich bringen. Sie bieten Dienstleistungen sowie kostenlose Inhalte zu den Themen mentale Gesundheit, Mentalcoaching, Prävention und ganzheitliche, inklusive Gesundheitsförderung an. Ich bin der Meinung, dass Zusammenarbeit mit klaren Empfehlungen beginnt und möchte diese tollen Menschen vorstellen und über welche Medien und Wege du mit ihnen in Kontakt treten kannst:

Sophie Forster-Vogelsberger

Zertifizierte Body-Image-Coachin | Autorin

Sophie wurde als Bloggerin bekannt und ist mittlerweile ein bekanntes »Wohlfühl-Platzerl« auf Social Media. Sophie und ich teilen dieselben Gedanken und Visionen bezüglich des Kampfes gegen die toxische Diätkultur. Erst vor Kurzem ist auch sie mit ihrem Buch »Dein Körper ist kein Trend« zur Autorin geworden, und ich kann nicht oft genug wiederholen, wie wichtig es ist, Gleichgesinnte zu unterstützen. Es braucht mehr Stimmen, es braucht lautere Stimmen, um dieses Thema voranzubringen, und ich bin dankbar, dass wir uns dabei auch helfen können, ohne Angst vor Konkurrenz. Sophie teilt offen ihre Gedanken über Ernährung, Body Image und Wellbeing und wird dadurch ein Sprachrohr für viele Frauen, die sich genauso fühlen bzw. endlich gesehen und gehört fühlen. Vielen Dank für deine Offenheit und den Real Talk, Sophie!
Sophies Kanäle und Beiträge:

* Instagram: @sophiehearts_com
* Buch: »Dein Körper ist kein Trend«
* Feel-Good-Shop: https://atelierself.me/

Cornelia Führer

Ernährungswissenschaftlerin und TCM-Expertin

Cornelia kenne ich nun schon seit fünf Jahren. Wir haben uns ursprünglich über Instagram und diverse berufsbezogene Fragen verknüpft. Da wir eine sehr ähnliche Philosophie und Coaching-Form pflegen, können wir uns immer auf Augenhöhe treffen und austauschen. Ihre Besonderheiten sind, neben ihrem Fokus auf Anti-Diät-Mentalität und ausgewogene Ernährung als primärem Ziel, eine zusätzliche Spezialisierung auf eine vegane Lebensweise und traditionelle chinesische Medizin. Das ist eine unfassbar wertvolle und interessante Kombination. Dazu hat Cornelia jede Menge spannende Inhalte sowohl auf ihrem Blog als auch auf ihrem Kanal. Ich bin bei ihr besonders beeindruckt, mit wie viel Liebe zum Detail und Ästhetik sie ihre Inhalte gestaltet. So wie mich kann man sie auch für Vorträge und Co. buchen.

Cornelias Angebote und Beiträge:

* Instagram: @eat.what.feels.good
* Blog: https://www.eatwhatfeelsgood.net/blog
* Verfügbar für: Einzelcoachings | Vorträge | Webinare

Katharina Kühtreiber

Anti-Diät-Diätologin und Mentaltrainerin

Katharina ist eine erfahrene Diätologin aus Niederösterreich, die sich auf intuitive Ernährung, ausgewogenes Essverhalten und Frauengesundheit spezialisiert hat. Sie ist leidenschaftlich daran interessiert, Menschen dabei zu unterstützen, ein entspannteres Verhältnis zum Essen zu entwickeln und Frieden mit ihrem Körper zu schließen. Mit ihren Angeboten hilft Katharina ihrem Klientel, Achtsamkeit im Alltag zu praktizieren, und fördert eine nachhaltige Veränderung des Lebensstils durch betreute Ernährungsempfehlungen, die individuell auf die Bedürfnisse ihres Klientels zugeschnitten sind.

Katharinas Angebote und Kanäle:

* Instagram: @female.food.freedom
* Podcast: unverWECHSELbar
* Homepage: https://femalefoodfreedom.at/

Ana-Maria Doss

Mentaltrainerin und Impulsgeberin

Ana nutzt ihre Reichweite auf den sozialen Medien und in ihrem Podcast, um nicht nur Wohlfühl-Vibes zu versprühen. Sie inspiriert mit ihrer Erfahrung als Mentaltrainerin und -Coach Tausende Menschen mit Beiträgen, die zum Reflektieren anregen und Menschen helfen, ihre Berufung zu finden – und das auf eine herzliche und sehr attraktive Art und Weise! Sie ist zu 100 Prozent authentisch in dem, was sie macht, das kann ich auch als ihre Freundin konsequent beobachten.
Anas Beiträge und Angebote:

* Der TuEs-Day-Podcast – tu es für dich!
* Instagram: @anamaria.doss
* https://www.unlimited-mind-coaching.com/

Carina Kandler

Happy Mind Booster und dipl. Lebens- und Sozialberaterin

Carina aka Carry ist die erste Person, an die ich denke, wenn ich »SMILE« höre. Alles in ihren Beiträgen schreit Happiness und Freude am Leben! Gleichzeitig spricht sie täglich in ihren Storys Gedanken über das Leben und die mentale Gesundheit aus, die richtig, richtig tief unter die Haut gehen und zum Nachdenken anregen. Sie teilt ihre Lebenserfahrung vor allem im Bereich Beziehungen und spricht brutal ehrlich über Liebeskummer und »Real Life«-Situationen. Du merkst, wie sehr sie zu sich und ihren Gedanken und Gefühlen steht – und wirst das mit ganzem Herzen teilen. Du fühlst dich verstanden und abgeholt. Die eigenen Gefühle und Gedanken anzunehmen und verstehen zu lernen, hat einen unfassbar großen Einfluss auf das restliche Leben und deinen Lebensstil – daher finde ich ihre Inhalte sehr wertvoll.
Carinas Schwerpunkte und Kanäle:

* Instagram: @carry.on.me
* Beziehungscoaching
* Umgang mit Liebeskummer und Trennungen

Isabel Bersenkowitsch

Gewichtsneutrale Diätologin

Isabel, eine leidenschaftliche, feministische Diätologin und Aktivistin, setzt sich für eine Neugestaltung des Gesundheitssystems ein, in dem Verhalten und nicht Körpergewicht die Grundlage von Gesundheit bilden sollte. Sie gründete die »Ernährungsrevolution« als Antwort auf die schädlichen Auswirkungen der sexistischen und fettfeindlichen Diätindustrie. Sie zielt darauf ab, Menschen zu helfen, ihre innere Intuition wiederzuentdecken und sich auf das Wesentliche im Leben zu konzentrieren.
Isabel ist die Gründerin des HOLi Social Health Clubs, einer Initiative, die sich für einen Paradigmenwechsel im Gesundheitssystem einsetzt. HOLi steht für einen gewichtsneutralen Ansatz in der Gesundheitsförderung, bei dem der Fokus auf multidimensionaler Gesundheit und Lebensstil liegt anstatt auf Körpergewicht oder BMI. Der Club fördert die Vernetzung und Kooperation zwischen Gesundheitsfachleuten verschiedener Disziplinen und setzt sich für einen sicheren Raum ein, in dem Gesundheit neu definiert wird.
Isabels Angebote und Kanäle:

* Instagram: @ernaehrungsrevolution
* HOLi: https://www.holi-gesundheit.at/
* Homepage: https://www.ernaehrungsrevolution.at/

Leonie Meil

Diätologin | Frauengesundheit

Leonie habe ich als meine Praktikantin kennengelernt. Sie ist eine junge, ambitionierte Diätologin, die sich auf Zyklus- und Frauengesundheit spezialisiert hat. Leonie hat mich in der Vergangenheit mit einigen Blogbeiträgen unterstützt, die auch in diesem Buch aufgegriffen wurden. Ich kann sie mit gutem Gewissen weiterempfehlen, da wir eine Zeit lang eng miteinander gearbeitet haben und ich sie in meine Arbeitsweise und Philosophie eingeführt habe. Sie schreibt wunderbare Blogeinträge, bietet sowohl Online- als auf Offline-Beratungen an und hält mittlerweile auch regelmäßig Vorträge.

Leonies Angebote und Kanäle:
* Instagram: @leonie_ernaehrungstherapie
* Home: https://www.leonie-ernaehrungstherapie.at/

Elisabeth Marcinkowski
Fitnesstrainerin | Elly Magpie Fitness Club

Elly Magpie ist die Gründerin eines Fitnessstudios, das sich dem inklusiven Sport widmet, unabhängig von Körpergröße oder Fitnesslevel. Ihr Ansatz betont, dass Bewegung Spaß machen und körperpositiv sein sollte, frei von Bodyshaming und Schmerz. Elly fördert eine Sportkultur, die auf Freude und persönlichem Wohlbefinden basiert, und lehnt das veraltete Idealbild ab, das oft in der Fitnessindustrie vorherrscht. Sie möchte, dass jeder Mensch seine innere Stärke erkennt und nutzt. Sie ist ebenfalls Teil des HOLi-Teams.
Ellys Angebote und Beiträge:
* Instagram: @ellymagpie
* Home: https://www.ellymagpie.fitness/

Julia Brandner
Stand-up-Comedian | Autorin

Meine Freundin Julia gehört zu den lustigsten Menschen, die ich kenne. Sie setzt sich in ihrem Buch »Das L in Frau steht für lustig« sowie in ihren Stand-up-Comedy-Shows kritisch mit den gesellschaftlichen Erwartungen an Frauen auseinander. Sie thematisiert unter anderem Bodyshaming und fordert einen inklusiven Feminismus, der echte Gleichberechtigung anstrebt und dabei humorvoll bleibt. Ihr Buch sowie ihre weiteren Inhalte bieten eine bereichernde Perspektive für alle, die trotz der Herausforderungen im Alltag Humor bewahren wollen.
Julias Kanäle und Beiträge:
* Instagram: @juliabrandner.official
* Buch: »Das L in Frau steht für lustig«

Melanie Blaschka

Dipl. Fitness- und Ernährungstrainerin | angehende Ernährungswissenschafterin

Melanie hatte einen starken Einfluss auf meinen Werdegang - sie hat mich damals nämlich als Ernährungscoachin bei meinem ersten größeren Arbeitgeber rekrutiert! Durch diesen Job habe ich nach und nach meine Berufung und den Weg in die Selbständigkeit gefunden! Mittlerweile sind wir schon einige Jahre befreundet und tauschen uns regelmäßig beruflich aus!

Melanie ermöglicht durch ihre Online-Trainings, Online-Workshops, Outdoor-Bootcamps und Personal Trainings vielen Menschen die Möglichkeit, unkompliziert und von überall aus etwas für das körperliche Wohlbefinden tun zu können! Selbstfürsorge ist nämlich, wie wir nun wissen, keine Option, sondern eine Notwendigkeit! Zudem zeigt sie, wie es möglich ist, regelmäßiges Training, gesunde Ernährung und Kindererziehung unter einen Hut zu bekommen. Daher ist Melanie für viele sicher ein tolles und gleichzeitig realistisches Vorbild!

Melanies Kanäle & Angebote:

* Instagram: @fitmelicious_personaltraining
* Homepage: https://www.fitme-licious.at/
* Trainings buchbar über Eversports!

Weiterführende Leseempfehlungen zum weiblichen Zyklus

Sims, S.: »Roar: How to Match Your Food and Fitness to Your Unique Female Physiology for Optimum Performance, Great Health, and a Strong, Lean Body for Life« (Dieses Buch ist besonders für Athletinnen interessant, da es sich mit den spezifischen physiologischen Bedürfnissen von Frauen im Sport auseinandersetzt.)

Stephenson, M.: »The Menstrual Cycle and Athletic Performance« (Diese Studie bietet einen wissenschaftlichen Blick auf den Menstruationszyklus und dessen Einfluss auf die sportliche Leistungsfähigkeit.)

Okamoto, N.: »Period Power: A Manifesto for the Menstrual Movement« (Obwohl dieses Buch sich mehr auf die sozialen und politischen Aspekte der Menstruation konzentriert, bietet es wertvolle Einsichten in die Bedeutung des Verständnisses des Menstruationszyklus.)

Weschler, T.: »Taking Charge of Your Fertility: The Definitive Guide to Natural Birth Control, Pregnancy Achievement, and Reproductive Health« (Dieses Buch ist ein umfassender Leitfaden über Fruchtbarkeit und den Menstruationszyklus, der auch für Sportlerinnen nützlich sein kann.)

Vitti, A.: »WomanCode: Perfect Your Cycle, Amplify Your Fertility, Supercharge Your Sex Drive, and Become a Power Source« (Dieses Buch bietet einen ganzheitlichen Ansatz zur Optimierung der Gesundheit und des Wohlbefindens von Frauen durch ein besseres Verständnis ihres Körpers und Zyklus.)

Hill, M.: »Period Power: Harness Your Hormones and Get Your Cycle Working For You« (In diesem Buch geht es um das Verständnis des Menstruationszyklus und wie wir diesen nutzen können, um das körperliche und emotionale Wohlbefinden zu verbessern. Hill bietet einen umfassenden Überblick über die verschiedenen Phasen des Zyklus und gibt praktische Tipps, wie Frauen ihren Zyklus zu ihrem Vorteil nützen können, sei es in Bezug auf Gesundheit, Fitness, Sexualität oder Arbeit.)

Vitti, A.: »In the Flo: Unlock Your Hormonal Advantage and Revolutionize Your Life« (Dieses Buch bietet einen umfassenden Ansatz, um den Menstruationszyklus und die weibliche Biochemie zu verstehen. Vitti erläutert, wie Frauen ihren Zyklus mit ihrer Ernährung, ihrem Training, ihrer Arbeit und ihrem sozialen Leben synchronisieren können, um ihre Gesundheit und Lebensqualität zu optimieren.)

Quellenverzeichnis

Besedovsky, L., Lange, T., Haack, M.; The sleep-immune crosstalk in health and disease; 2019; Physiological Reviews 99:3, 1325–1380. Verfügbar unter: https://journals.physiology.org/doi/full/10.1152/physrev.00010.2018

Brown, L. F., Brown, T. N.; Self-Care for Clinicians in Training; 2015; Oxford University Press.

Centers for Disease Control and Prevention.; Effect of Inadequate Sleep on Frequent Mental Distress; 2020. Verfügbar unter: https://www.cdc.gov/pcd/issues/2021/20_0573.htm

Chang X., Xu S., Zhang H.; Regulation of bone health through physical exercise; 2022; Front Endocrinol (Lausanne), 13, 1029475

Claessens, B. J. C. et al.; A Review of the Time Management Literature; 2007; Personnel Review. 36. 10.1108/00483480710726136.

Clear J.; Die 1%-Methode; 2018; Random House

Clinical Review Report: Semaglutide (Ozempic); Indication: For the treatment of adult patients with type 2 diabetes mellitus to improve glycemic control; 2019; Canadian Agency for Drugs and Technologies in Health. Verfügbar unter: https://www.ncbi.nlm.nih.gov/books/NBK544016/

Columbia University Department of Psychiatry; How Sleep Deprivation Impacts Mental Health. Verfügbar unter: https://www.cdc.gov/pcd/issues/2021/21/20_0573.htm

Davies, C., Knuiman, M., Rosenberg, M.; The art of being mentally healthy; 2015; BMC Public Health, 16, 15. Verfügbar unter: https://doi.org/10.1186/s12889-015-2672-7

Enders J., Darm mit Charme; 2014; Ullstein

Fredrickson B. L.; The role of positive emotions in positive psychology; 2001; Am Psychol, 56 (3), S. 218–226

Goyal, M. et al.; Meditation Programs for Psychological Stress and Well-being; JAMA Intern Med. 2014 Mar;174(3):357–68. doi: 10.1001/jamainternmed.2013.13018.

Greer S. M., Goldstein A. N., Walker M. P.; The impact of sleep deprivation on food desire in the human brain; 2013; Nat Commun, 4, 2259

Haspel J. et al.; Perfect timing: circadian rhythms, sleep, and immunity – an NIH workshop summary; 2020; JCI Insight, 5 (1). Verfügbar unter: https://insight.jci.org/articles/view/131487

Hollstein, T.; Semaglutid: Der Preis für das Abnehmen; 2021; Deutsches Ärzteblatt, 118 (12), A-622 / B-524

Hoyland A, Dye L, Lawton CL.; A systematic review of the effect of breakfast on the cognitive performance of children and adolescents; 2009; Nutr Res Rev, 22(2):220–43. doi: 10.1017/S0954422409990175. PMID: 19930787.

Juri D., Gabri M., Troskot Peri R., Liberati Pršo A. M., Mirat J., Vev A., Aleri i., Ebling B.; Herbalife® associated severe hepatotoxicity in a previously healthy woman; 2019; Acta Clin Croat, 58 (4), S. 771–776

Kumar S., Kaur G.; Intermittent fasting dietary restriction regimen negatively influences reproduction in young rats: a study of hypothalamo-hypophysial-gonadal axis; 2013; PLoS One

Lambert G. W, Reid C., Kaye D. M., Jennings G. L., Esler M. D.; Effect of sunlight and season on serotonin turnover in the brain; 2002; Lancet, 360 (9348), S. 1840–1842

Lean M. E., Te Morenga L.; Sugar and Type 2 diabetes; 2016; Br Med Bull, 120 (1), S. 43–53

Le Roy, T., Clément, K.; Bittersweet: artificial sweeteners and the gut microbiome; 2022; Nat Med, 28, S. 2259–2260. Verfügbar unter: https://doi.org/10.1038/s41591-022-02063-z

Leproult R., Van Cauter E.; Role of sleep and sleep loss in hormonal release and metabolism; 2010; Endocr Dev, 17, S. 11–21

Mathur K., Agrawal R. K., Nagpure S., Deshpande D.; Effect of artificial sweeteners on insulin resistance among type-2 diabetes mellitus patients; 2020; J Family Med Prim Care, 9 (1), S. 69–71

Mayer F, Scharhag-Rosenberger F, Carlsohn A, Cassel M, Müller S, Scharhag J.; The intensity and effects of strength training in the elderly; Dtsch Arztebl Int. 2011 May;108(21):359–64. doi: 10.3238/arztebl.2011.0359. Epub 2011 May 27.

McNulty K. L., Elliott-Sale K. J., Dolan E., Swinton P. A., Ansdell P., Goodall S., Thomas K., Hicks K. M.; The Effects of Menstrual Cycle Phase on Exercise Performance in Eumenorrheic Women: A Systematic Review and Meta-Analysis; 2020; Sports Med.

Mozaffarian, D., Furberg, C. D., Psaty, B. M., Siscovick, D.; Physical activity and incidence of atrial fibrillation in older adults; 2008; Circulation, 118 (8), S. 800–807. Verfügbar unter: https://pubmed.ncbi.nlm.nih.gov/18678768

Okamoto N., Elfast R.; Period Power: A Manifesto for the Menstrual Movement; 2018; Simon & Schuster

Popkin, B. M. et al.; Water, Hydration and Health; Nutr Rev. 2010 Aug;68(8):439–58. doi: 10.1111/j.1753-4887.2010.00304.x.

Reed, Justy & Ones, Deniz. The effect of acute aerobic exercise on positive activated affect: A meta-analysis; 2006; Psychology of Sport and Exercise. 7. 477–514. 10.1016/j.psychsport.2005.11.003.

Rodriguez-Vigouroux R., Bergé L., Pralong F., Maghdessian R.; Les méfaits du sucre dans l'alimentation; 2019; Rev Med Suisse, 15 (635), S. 190–193

Schmid S. M., Hallschmid M., Jauch-Chara K., Born J., Schultes B.; A single night of sleep deprivation increases ghrelin levels and feelings of hunger; 2008; J Sleep Res, 17 (3), S. 331–334

Schuman-Olivier Z., Trombka M., Lovas D. A., Brewer J. A., Vago D. R., Gawande R., Dunne J. P., Lazar S. W., Loucks E. B., Fulwiler C.; Mindfulness and behavior change; 2020; Harv Rev Psychiatry, 28 (6), S. 371–394

Sims S.; Roar: How to Match Your Food and Fitness to Your Unique Female Physiology for Optimum Performance, Great Health, and a Strong, Lean Body for Life; 2021; Penguin Random House

Smyth, J. M. et al.; Online Positive Affect Journaling in the Improvement of Mental Distress; JMIR Ment Health; 2018;5(4). doi: 10.2196/11290.

Thakur, K. T. et al.; Ketogenic diet for adults in super-refractory status epilepticus; 2014; Neurology, 82 (8), S. 665–670

Tribole E., Resch E.; Intuitive Eating: A Revolutionary Program That Works; letzte überarbeitete Auflage 2020; St. Martin's Griffin

Van der Weiden, A., Benjamins, J., Gillebaart, M., Ybema, J. F. & de Ridder, D.; How to Form Good Habits? A Longitudinal Field Study on the Role of Self-Control in Habit Formation; 2020; Frontiers in Psychology

Van Egmond L. T., Meth E. M. S., Engström J., Ilemosoglou M., Keller J. A., Vogel H., Benedict C.; Effects of acute sleep loss on leptin, ghrelin, and adiponectin; 2023; Obesity (Silver Spring), 31 (3), S. 635–641

Walker, M.; Why We Sleep; 2018; Penguin Random House

Weschler T., MPH; Taking Charge of Your Fertility: The Definitive Guide to Natural Birth Control, Pregnancy Achievement, and Reproductive Health; 2015 (neueste Ausgabe); HarperCollins

Westcott, Wayne L. PhD »Resistance Training is Medicine: Effects of Strength Training on Health«; Current Sports Medicine Reports 11(4)209–216, July/August 2012. Verfügbar unter: https://journals.lww.com/acsm-csmr/fulltext/2012/07000/resistance_training_is_medicine__effects_of.13.aspx

Wood, J. V., Perunovic, W. Q. E., Lee, J. W.; Positive Self-Statements: Power for Some, Peril for Others; Psychol Sci.; 2009;20(7):860–6. doi: 10.1111/j.1467-9280.2009.02370.x

Wostyn, P., De Groot, V., Van Dam, D., Audenaert, K., De Deyn, P. P., Killer, H. E.; Sleep deprivation impairs cognitive performance; 2020; Scientific Reports, 10 (1), S. 1–15